DOUBLEZ VOS REVENUS

EN LOUANT VOTRE LOGEMENT SUR AIRBNB

Par Julien Chorbet

-

Journaliste et entrepreneur

ISBN-13:978-1536942194
ISBN-10:1536942197

TABLE DES MATIERES

Avant propos

Vous vous demandez comment rentabiliser votre habitation ? Vous souhaitez vous créer un revenu complémentaire facilement, sans devoir investir une fortune ou vous lancer dans un projet de création d'entreprise fastidieux ?

Il existe un système simple, utilisé par des milliers de personnes à travers le monde, pour se rendre les fins de mois plus confortables, s'offrir des vacances un peu plus longues (et/ou un peu plus loin), ou simplement pour améliorer leur quotidien. Un système qui permet d'augmenter sensiblement son pouvoir d'achat sans devoir travailler comme un acharné ni rendre des comptes à un patron.

Vous vous demandez de quoi il s'agit ? C'est tout simple : il vous suffit de louer votre habitation à des touristes de passage, sur Airbnb.

Dans les lignes qui suivent, vous allez découvrir comment tirer un revenu complémentaire grâce à Airbnb (et aux sites du même genre, bien que nous prendrons Airbnb en exemple) et aux voyageurs désireux de venir passer quelques jours dans votre région.

Cela vous parait peut-être impossible, compliqué ou farfelu, mais dites-vous qu'en ce moment même, à l'instant où vous lisez ces lignes, des dizaines des milliers de personnes à travers le monde ont prêté leur logement (ou une partie) à des inconnus, contre des espèces sonnantes et trébuchantes. Légalement, facilement, et en toute confiance.

Si vous vous demandez comment louer votre habitation sur Airbnb, alors vous êtes au bon endroit.

Je m'appelle Julien, j'ai bientôt 30 ans au moment où j'écris ces lignes, et j'utilise Airbnb depuis 2012. Je suis journaliste de formation et passionné par l'immobilier, en particulier par la liberté qu'il peut procurer.

J'ai débuté avec Airbnb comme simple locataire lors de mon long tour du monde commencé en 2012. Ayant adoré le principe d'héberger des touristes venus des quatre coins de la planète, j'ai décidé de m'y mettre à mon tour, en tant qu'hôte, lors de mon retour en France. J'ai donc cherché un appartement répondant à une série de critères bien précis, me permettant d'assurer le succès de ma petite activité.

Les conseils et les recommandations que vous trouverez dans cet ouvrage sont donc le fruit de ma double expérience : celle comme hôte, bien-sûr, mais aussi celle que j'ai eu comme voyageur, qui m'a permis de savoir exactement ce qu'attendent mes clients, et ainsi pouvoir leur offrir une expérience inoubliable dans mon logement.

Les lignes qui suivent vous feront gagner un temps précieux en évitant les erreurs que j'ai commises (ou que j'ai constatées chez les autres hôtes d'Airbnb que j'ai testés), et vous feront maximiser vos revenus grâce à des stratégies intelligentes, testées et approuvées par mes soins (et par d'autres).

Installez-vous confortablement dans votre canapé, faites-vous chauffer un bon café, prenez un papier et un crayon, et c'est parti !

Chapitre 1

Bien choisir le logement que vous allez proposer en location saisonnière

Quand on parle de location saisonnière, la première remarque qui sort chez l'immense majorité des gens, c'est : "mais je n'ai rien à mettre en location, moi !".

Le problème, c'est que bien souvent on n'a pas conscience que nos propres habitations peuvent avoir de la valeur aux yeux des autres. A force de vivre dedans, on n'en voit que les défauts, on s'habitue à ses qualités, et on finit par oublier que ce qui nous a séduit de prime abord peut toujours séduire un inconnu décidant de venir passer quelques jours dans la région. De plus, si vous habitez depuis longtemps dans votre région, vous en avez vite oublié les points touristiques. En effet, on ne s'amuse pas à visiter tous les jours le Mont-Saint-Michel, la dune du Pilat ou les châteaux de la Loire. Vous voyez donc probablement votre habitation comme ayant peu de valeur pour les touristes de passage, mais ce n'est probablement pas leur cas à eux, bien au contraire.

Dans les lignes qui suivent, je vais vous montrer ce que vous pouvez proposer à la location, notamment en vous fournissant une liste de critères indispensables à remplir. Passez vos idées dans cette liste, et vous allez pouvoir faire le tri entre les bonnes idées (c'est-à-dire ce qui va se louer réellement), et les mauvaises idées (des annonces qui resteront désespérément au fond des résultats de recherche et sur lesquelles personne ne cliquera jamais).

Quels types de bien mettre en location exactement :

Quel que soit le bien que vous décidez de mettre en location, ce qui est important c'est d'être clair dans votre annonce : ne laissez pas croire aux voyageurs qu'ils logeront dans une villa avec piscine si vous les faites dormir dans la cabane à outils au fond du jardin.

Gardez en tête que les utilisateurs vous noteront après leur séjour. Votre business, donc vos revenus, dépendent en grande partie des commentaires que vous recevrez. Vous devez donc faire en sorte de faire une bonne impression. De faire avoir des bonnes surprises à vos hôtes.

Soit parce que la vue est top, parce que vous leur avez offert un panier garni de produits régionaux à leur arrivée, parce que vous avez fait l'effort d'aller les chercher à 23h à l'aéroport, ou ce genre de choses.

Plus vous ferez bonne impression, plus leur expérience sera positive. Et donc plus vous serez susceptible d'obtenir des commentaires positifs qui enclencheront un cercle vertueux : plus de réservations, plus de revenus, et ainsi de suite.

Donc, pour revenir à nos moutons, lors de votre décision de mise en location, vous devez garder ceci en tête : soyez honnête sur ce que vous décrivez dans l'annonce afin de ne pas créer de déception lors de l'arrivée de votre hôte.

Ne dites pas que vous leur proposez un loft aménagé si en réalité vous les logez dans un grenier sans fenêtres. Vous allez pouvoir tourner les choses à votre avantage afin de donner envie et de susciter les clics sur votre annonce (on y reviendra dans un chapitre ultérieur), mais vous ne devez surtout pas créer de déception.

Alors, quoi mettre en location ?

Et bien, vous pouvez mettre tout et n'importe quoi.

"Hein, quoi, comment ?!"

Je sais : ce que je viens d'écrire doit vous surprendre. Surtout à la lecture des lignes précédentes.

Pourtant, c'est la réalité : si vous ne mentez pas sur votre annonce, vous pouvez proposer absolument n'importe quoi. Tant que la description est conforme à la réalité, et que le prix que vous demandez pour ce n'importe quoi trouve preneur.

Voici quelques exemples de ce que l'on peut trouver sur Airbnb et qui pourraient vous donner des idées : une cave, un grenier, la chambre d'un enfant qui n'habite plus avec vous, votre logement dans son intégralité, une tente dans votre jardin, un mobile-home sur un terrain vous appartenant, une cabane dans un arbre, un igloo, une yourte, ...

Tant que vous êtes clair dans votre annonce, vous pouvez y aller. Alors, c'est sûr que vous aurez probablement moins de réservation si vous louez un placard à balais dans votre cave que si vous proposez un appartement indépendant, moderne et tout équipé. Mais dites-vous également que sur Airbnb, il en faut pour toutes les bourses. En proposant un hébergement 'simpliste' (on va dire ça comme ça), vous allez de fait vous positionner sur une gamme de prix attrayante pour les voyageurs aux petits budgets.

Je sais que quand j'ai découvert Airbnb, lors de mes premiers voyages, la seule chose qui comptait c'était d'avoir un toit pour le moins cher possible. Dormir sur un tapis de sol au milieu du salon chez mes hôtes ne me posait aucun problème. Donc si vous hésitiez à proposer ne serait-ce qu'un futon ou votre canapé-lit, rassurez-vous : vous allez trouver preneur. A condition, je le répète, de ne pas mentir

15

sur la marchandise (donc de dire clairement dans l'annonce où le voyageur dormira), de proposer un prix adéquat (on reparlera des prix un peu plus tard, je vous expliquerai ma stratégie perso pour maximiser mes revenus), et de réussir à systématiquement créer un sentiment positif chez votre hôte, afin de lui donner envie de vous laisser un commentaire qui incitera les gens à venir chez vous (encore une fois, on verra tout ça lors du chapitre consacré à l'accueil de vos locataires).

Proposer un logement original, bonne ou mauvaise idée ?

Si vous hésitez à proposer un logement original, décalé ou étrange (du type une cabane dans un arbre, une yourte dans votre jardin, ...), je vous rassure tout de suite : vous allez trouver du monde pour vous le louer ! Au-delà d'un simple logement, les gens sont de plus en plus friands d'expériences, et beaucoup de touristes cherchent à se créer des souvenirs originaux lors de leurs vacances.

Un couple d'amis a récemment dormi dans un igloo, au Canada, par -15 degrés (je vous rassure : le propriétaire fournissait tout le matériel pour ne pas mourir de froid). Ils auraient très bien pu louer un appartement ou une chambre chez l'habitant, de manière classique. Mais ils voulaient vivre une expérience. Quelque chose de nouveau, d'original. Et ils étaient prêts à mettre le prix pour cela.

Alors si vous avez autour de vous la possibilité de faire vivre une expérience enrichissante, originale, décalée, historique, insolite, que sais-je encore, à vos visiteurs : n'hésitez pas !

Je vous invite à regarder le succès croissant des établissements qui proposent des nuits dans des anciennes prisons, dans des phares ou dans des cachots (oui, oui, ça existe !). Vous seriez surpris.

Dans tous les cas, vous n'avez rien à perdre : si ça ne marche pas, si vous n'obtenez pas la moindre réservation, la seule chose que vous aurez perdu c'est le temps de mettre votre annonce en ligne. Et si ça marche, c'est banco !

Trois critères à respecter pour réussir à louer votre logement :

Bien que vous puissiez mettre en location pratiquement n'importe quoi, sachez que pour satisfaire vos futurs locataires, il est préférable que votre espace respecte ces trois principaux critères.

1. La propreté

La propreté, c'est l'élément le plus important. Vous pouvez faire dormir des gens dans une chambre de 5m² ou dans un palace de 350m² et leur offrir un accueil aux petits oignons, si c'est sale, vous recevrez systématiquement de mauvais commentaires. Et votre petite activité s'effondrera.

La première chose que les gens regardent dans les commentaires des précédents locataires avant de décider de réserver leur séjour, c'est s'il y a eu des remarques concernant la propreté. D'ailleurs je le fais également, et je donne rarement sa chance a un logement qui recueille régulièrement des avis même mesurés en ce qui concerne sa propreté. Il faut vraiment qu'il ne reste aucune autre option dans ma gamme de prix.

D'ailleurs, quand je parle de propreté, il ne s'agit pas uniquement de la poussière au sol ou sur les meubles. Il s'agit aussi de l'humidité de la pièce, des traces d'usure, des dégradations naturelles, etc. Même si ce n'est pas sale en tant que tel, votre logement doit donner l'image de quelque chose d'entretenu. Vos visiteurs ne doivent pas avoir peur de toucher les murs ou de s'asseoir sur le canapé. Votre logement doit être nickel, c'est tout. Particulièrement les sanitaires et les salles d'eau.

Le plus ingrat dans cette histoire, c'est que même avec le

logement le plus propre du monde, nickel jusqu'au bout des ongles, vous finirez systématiquement par avoir quelqu'un qui vous fera une remarque. Car c'est là qu'est le problème : la propreté est une notion subjective. Chacun a sa propre vision et sa propre échelle. Et aussi maniaque que l'on puisse être, on finit toujours par tomber sur quelqu'un de plus exigeant que soi.

2. Un logement fonctionnel et équipé

C'est le deuxième critère que vous devez prendre en compte pour le choix de votre mise en location. Vous devez faire en sorte que vos locataires se sentent comme chez eux et puissent se comporter comme s'ils étaient dans leur propre habitation.

Il est donc indispensable de proposer un logement fonctionnel, où il est facile de se sentir chez soi. Mettez à disposition de vos locataires le nécessaire de cuisine (ne vous contentez pas du strict minimum), des produits d'hygiène pour la salle de bain (gel douche, sèche-cheveux, savons, etc).

L'idée, c'est d'éviter que les gens aient à racheter quoi que ce soit en arrivant. Et donc de rendre leur séjour plus agréable en leur permettant de se concentrer uniquement sur la découverte de votre région.

Je me rappelle d'une expérience en Roumanie dans un appartement plutôt agréable. Les propriétaires n'avaient pas pensé à nous fournir du papier toilette et du liquide vaisselle. Je vous assure que c'est loin d'être rigolo pour les locataires, obligé d'aller chercher ces produits manquants dès le premier matin (alors qu'on rêvait de se cocooner avec un petit-déj au lit...).

Également, soyez attentif à la hauteur sous plafond de votre habitation. Surtout si vous mettez en location des combles, un sous-sol ou un garage aménagé.

Il m'est arrivé plusieurs fois, dont une vraiment gênante en

Croatie, de rester dans des logements bas-de-plafond, et je peux vous garantir que mon séjour a été un véritable calvaire à chaque fois. Même si mes hôtes ont été adorables et que tout le reste était positif, le fait de devoir me déplacer en me courbant était vraiment une galère. J'aurais pu l'accepter si j'avais été sur Couchsurfing, donc dans une relation gratuite avec mon hébergeur. Mais pour un logement que je paie, je veux pouvoir me tenir droit sans risquer de me cogner. Je précise que je suis grand mais rien d'exceptionnel : je mesure 1m90. Et vous aurez forcément parmi vos clients des gens aussi grands que moi, voire davantage.

Bref, assurez-vous que vous avez au moins 2m10 sous plafond, ça me paraît vraiment être le minimum, sans quoi vous risqueriez bien d'avoir, encore une fois, des clients insatisfaits et donc des commentaires négatifs.

Encore quelque chose de primordial selon moi : leur indépendance vis-à-vis de vous. L'idéal, pour leur bien-être comme pour le votre, c'est qu'ils puissent se sentir libres d'aller et venir depuis et vers l'extérieur à leur guise. S'ils doivent sans arrêt traverser une pièce où vous vous trouvez, ou sonner à un interphone pour que vous leur ouvriez, ils vont finir par se limiter dans leurs déplacements pour éviter de trop vous déranger. Assurez-vous qu'ils puissent circuler facilement, librement, et en limitant autant que possible le nombre de fois où ils devront vous croiser (ils viennent aussi pour être tranquille).

Vérifiez que chaque recoin de l'espace que vous mettez en location ne soit pas sujet aux courants d'air, et que tout le logement soit bien chauffé (ou en tout cas, qu'il y ait la possibilité d'ajuster la température de la pièce selon les besoins et les envies - tout ça varie de manière vraiment hallucinante d'un client à un autre, vous verrez que pour le même espace, vous aurez des gens qui auront froid tandis que d'autres mourront de chaud).

Enfin, je le précise par souci d'exhaustivité mais ça me paraît logique : il faut que vos locataires aient un accès sans limitation à l'électricité, l'eau, et aux sanitaires.

C'est important car si vous louez seulement une partie de votre habitation (une chambre ou un espace aménagé sous les combles par exemple), vérifiez bien que leur espace ne soit pas éloigné de ces commodités. Et que chacun de ces éléments leur soit accessible sans restriction de jour comme de nuit.

Je me rappelle d'une expérience en Espagne où je devais traverser la chambre des propriétaires pour accéder à la salle de bain. Ce n'était franchement pas pratique, et même très gênant quand on a une petite envie en pleine nuit.

Bref, voilà qui devrait déjà vous permettre de valider ou non les premières idées qui vous sont venues en tête à la lecture de ces lignes.

Le dernier point que je voulais évoquer avec vous, c'est son "agréabilité" (oui ce mot n'existe pas, je viens de l'inventer).

3. Qu'il soit agréable à vivre

Quand on voyage, on ne cherche pas juste un lit et un toit. Ça, ça conviendra aux routards fauchés qui veulent dépenser le moins possible (et qui n'iront de toute manière que très rarement sur Airbnb, préférant les solutions gratuites comme le Couchsurfing). Dans l'immense majorité des cas, les visiteurs qui viendront dormir chez vous pour quelques nuits seront à la recherche d'une expérience positive.

Vous devez la leur offrir. Vous devez faire en sorte que chaque seconde qu'ils passeront dans votre habitation soit un moment positif, qu'ils garderont comme un bon souvenir en rentrant chez eux ensuite.

Pour cela, vous pouvez ajouter des livres, des DVD (avec un

lecteur et une télé bien-sûr, sinon ça n'a que peu d'utilité), des magazines (comme ceux qu'on trouve dans la salle d'attente du médecin), etc.

Faites un effort également sur la décoration. Les gens aiment avoir l'impression qu'il y a de la vie dans l'appartement qu'ils occupent. Un ou deux petits tableaux de chez Ikea, ça ne coûte pas très cher et ça améliorera sensiblement l'expérience de vos visiteurs. Et augmentera de facto vos chances d'obtenir des bons commentaires.

Au cas où vous auriez des locataires frileux (et ça arrive plus souvent qu'on ne le pense, même dans un logement qui paraît a priori bien chauffé), mettez à leur disposition des plaids et des couvertures en rab. Ça ne vous coûtera pas grand-chose (très peu de gens les utiliseront, donc vous n'aurez pas à les relaver à chaque fois) et ça pourra grandement améliorer le séjour de quelques-uns de vos locataires.

Si vous avez une terrasse ou un jardin, faites en sorte qu'ils puissent y avoir un accès sans que cela ne leur procure la moindre gêne (donc en évitant de les faire passer par un espace où vous vous trouvez, ou bien d'être forcé de partager un moment avec vous, ce qu'ils n'ont pas forcément envie de faire). Aménagez-leur un coin de terrasse ou de jardin (par exemple délimité avec des plantes hautes) où ils peuvent venir tranquillement sans se sentir obligés de vous faire la discussion.

Bref, plus vous offrez un espace agréable à vos locataires, plus vous améliorez leur bien-être et leur sentiment de détente lors de leur séjour chez vous. Et donc deux choses :
- plus vous obtiendrez de bons commentaires, avec pour conséquence de booster vos demandes de réservation ;
- plus vous vous constituez une liste de clients avec un coup de cœur pour votre logement, et qui garderont votre contact pour revenir chez vous (vous n'imaginez pas le nombre de gens qui reviennent

aux mêmes endroits d'une année à l'autre après une expérience positive quelque part).

Investir pour mettre en location : ce qu'il faut savoir

Cette partie sera aussi courte que possible pour une raison simple : ce guide n'a pas vocation à vous apprendre à investir, mais à vous montrer comment utiliser Airbnb pour maximiser vos revenus. Néanmoins, il ne serait pas complet si je n'évoquais pas l'investissement locatif destiné à la location saisonnière.

Si malgré la lecture de ce chapitre, vous n'avez absolument rien à mettre en location actuellement, alors vous pouvez envisager d'investir. C'est-à-dire acheter un bien destiné uniquement à accueillir des locataires pour de la courte durée.

Dans les lignes qui suivent, je vous donne les grands principes à suivre impérativement pour éviter les erreurs et vous assurer le succès de votre investissement.

1. Investissez dans une ville que vous connaissez

Si vous cherchez des conseils sur internet pour réussir votre investissement, vous verrez des témoignages de gens qui vous diront "achetez dans telle ville" ou "n'achetez pas dans telle autre ville". Et vous serez tenté de les suivre, car chacun vous racontera sa mésaventure (ou celle de son beau-frère) qui s'est retrouvé avec un bien inlouable sur les bras, soit disant pour cause d'achat mal localisé.

En réalité, en immobilier, il y a des bonnes affaires à faire partout. Le tout, c'est de les dénicher. Et le meilleur moyen pour dénicher une bonne affaire, c'est de connaître tout sur la réalité du marché. Et quel est le marché le plus facile à connaître pour vous ? Celui de votre ville. Parce que vous êtes sur place, parce que rien que le fait que vous y habitez fait que vous savez au minimum le prix des locations (si vous êtes locataire) ou d'achat (de votre bien si vous êtes propriétaire). Vous y avez probablement un entourage, des amis, de la famille, donc vous pouvez facilement évaluer le prix d'un bien en fonction de ce que eux paient.

Et surtout, vous connaissez votre ville. Vous savez où sont les points d'intérêt touristique, quels sont les quartiers sympas, vivants, et ceux un peu craignos, à éviter. Bref, même s'il est tentant de suivre les success-stories que vous trouverez sur internet, qui vous donneront envie d'investir à plusieurs centaines de kilomètres de chez vous, je vous assure d'une chose : le meilleur endroit pour réaliser un bon investissement immobilier, c'est près de chez vous. Ou, en tout cas, dans une ville que vous connaissez bien.

Si jamais vous décidez d'investir loin de chez vous pour faire de la location saisonnière sur Airbnb, il vous faudra déléguer la gestion quotidienne. Dans ce cas, pas d'inquiétude, je vous explique comment procéder dans un chapitre ultérieur.

2. Visitez un maximum de biens

Votre objectif numéro 1 avant d'investir votre argent dans de l'immobilier, c'est de connaître le marché. Vous devez savoir exactement quel type de bien vous pouvez acheter, pour quelle somme, et dans quel quartier.

Pour cela, pas de mystère : il vous faudra visiter un maximum de biens. Plus vous en visiterez, plus vous aurez des points de comparaison, que ce soit au niveau d'éventuels travaux à réaliser, du rapport prix-surface, prix-localisation, et ainsi de suite. De plus, à force de visiter des biens, vous diminuez le risque de vous faire prendre au piège de l'effet coup-de-coeur, qui consiste à tomber "amoureux" d'un logement et de vouloir l'acheter à tout prix, au risque de mettre trop d'argent dedans et de plomber votre rentabilité. Plus vous visitez des biens, plus vous aurez un regard de statisticien, de comptable : vous regarderez les chiffres, le potentiel financier, et rien d'autre.

3. Choisissez une clientèle cible

Si vous devez acheter un bien pour le mettre en location, alors vous allez avoir le choix sur le type de logement. Faut-il se lancer dans l'achat d'un studio ? D'un deux-pièces ? D'une grande maison ?

La réponse ne dépend pas que de votre budget. Vous devez vous poser une question importante, cruciale même lorsqu'il s'agit de marketing : quelle est votre clientèle cible ? Qui voulez-vous avoir pour clients ? Si vous visez des familles en vacances, alors une maison ou un grand appartement sera à privilégier. Si vous visez des voyageurs seuls ou des couples, façon "routards" en tour du monde, alors un studio fera l'affaire. Si vous visez une clientèle de professionnels venant en déplacement dans votre ville, alors privilégiez un logement de petite surface près des centres d'affaires. A vous de voir ce que vous souhaitez comme clientèle, et adaptez vos recherches en fonction.

4. Calculez votre rentabilité sur une location simple à l'année

Le meilleur moyen de savoir si vous faites une bonne affaire, c'est de calculer le potentiel locatif de votre éventuel investissement dans le pire des cas. C'est-à-dire, sur de la location simple, nue, à l'année. Si jamais pour une raison ou une autre vous ne souhaitez plus ou ne pouvez plus faire de la location saisonnière sur Airbnb, vous allez devoir vous rabattre sur une location classique, avec un simple locataire sur du long-terme. Et là, hors de question que vous perdiez de l'argent : vous devez au minimum être au point d'équilibre.

Concrètement, le montant du loyer perçu doit au minimum compenser vos charges. Le calcul à utiliser est celui des banques :

prendre 70% du loyer potentiellement perçu et soustraire vos charges (c'est-à-dire le coût du crédit bancaire éventuel, plus les charges de copro, la taxe foncière, travaux éventuels, etc...). Le solde doit être au minimum à égalité, et autant que possible favorable, de manière à dégager du bénéfice (que vous pourrez alors utiliser pour rembourser plus vite votre éventuel emprunt).

En clair, si vous comptez louer votre bien 100€ par mois, alors vous ne devez pas avoir plus de 70€ de dépenses mensuelles. Si vous louez 450€ par mois, vous ne devez pas dépasser 315€ de charges. Et ainsi de suite. Ce n'est pas une règle immuable, c'est simplement un indicateur pour savoir si vous vous apprêtez à réaliser un bon investissement, ou si vous risquez de plomber vos finances en devant réinjecter de l'argent tous les mois pour couvrir vos frais.

Quand vous chercherez un bien pour investir, gardez ceci en tête : dans le pire des cas, 70% des loyers perçus doivent au minimum compenser toutes les charges et dépenses que vous pourriez avoir sur ce bien.

Pourquoi 70% ? Car les banques estiment que vous aurez 30% de perte dans des vacances locatives, ou des sommes imprévues à sortir régulièrement pour une raison ou une autre. Cela permet une marge de manoeuvre par rapport à un calcul sur 100% du loyer (et éviter les mauvaises surprises).

Pour vous assurer que vous ne surévaluez pas ce loyer, je vous recommande de passer une annonce fictive sur Le Bon Coin par exemple, et de voir si vous avez des coups de téléphone. Il vous suffira de répondre que l'appartement est déjà loué puis de supprimer votre annonce, une fois que vous aurez vérifié qu'il y a bien un intérêt de la part d'éventuels locataires.

Enfin, mon dernier conseil, qui va de paire avec celui-ci, concerne la négociation.

5. Négociez à fond

Vous devez faire une bonne affaire dès l'achat. Dans l'absolu, si vous deviez revendre votre bien dès le lendemain de son achat, il faudrait que vous puissiez déjà faire du bénéfice dessus. C'est-à-dire, concrètement, que l'idéal est d'acheter en-dessous du prix du marché. Pour cela, c'est logique, il vous faut connaître le prix du marché. On en revient donc aux conseils que je donnais précédemment : connaissez votre ville, connaissez les quartiers et les prix au m².

En fonction de tout ça, vous allez savoir reconnaître une affaire intéressante et pouvoir vous positionner dessus. A ce sujet, n'ayez pas peur de faire une offre en-dessous de ce qui est demandé par le vendeur. Vous ne savez pas dans quelle circonstance celui-ci cherche à vendre son bien. Il a peut-être besoin d'argent rapidement, il est peut-être sous pression pour une raison ou une autre (mutation, divorce, ...). Faites systématiquement une proposition inférieure au prix demandé, en fonction de vos calculs, pour vous assurer une bonne rentabilité rien qu'avec de la location classique "à l'année".

Vous pensez que ça ne se fait pas, qu'on va vous rire au nez et refuser votre demande ? C'est ce que je croyais aussi. Pourtant, quel est le risque réel ? Qu'on vous dise non ? Et alors ? Vous trouverez mieux plus tard. En immobilier, il ne faut pas être pressé. Il vaut mieux qu'un appartement vous passe sous le nez plutôt que de l'acheter au mauvais prix (et donc risquer de faire une mauvaise affaire qui plombera ensuite votre rentabilité).

Négociez à fond, cassez les prix. Vous êtes en position de force. Profitez-en !

A vous de jouer :

Concrètement, vous pouvez mettre en location pratiquement tout et n'importe quoi sur Airbnb. L'important, c'est que ça soit propre, fonctionnel, et encore une fois que vous ne déceviez pas un locataire lors de son arrivée. Donc que le prix demandé soit cohérent avec la gamme et la qualité du logement que le locataire occupera.

Votre mission à accomplir maintenant : faites le tour de votre logement, et regardez tout ce que vous pouvez proposer.

Une chambre inhabitée ? Un canapé convertible dans le salon ? La possibilité d'aménager facilement des combles ou un sous-sol ? La possibilité de transformer un abri de jardin en studio indépendant ? Une tente ou un mobile-home dans le jardin ? Votre logement en entier (il vous faudra par contre trouver un lieu de substitution lors de l'arrivée des locataires) ?

Dans tous les cas, si vous faites preuve d'imagination. Vous allez forcément trouver quelque chose !

Une fois que vous avez sélectionné un espace à mettre en location, vérifiez bien qu'il respecte tous les critères que j'ai énoncés. Rajoutez un maximum d'objets pratiques et de déco afin que vos visiteurs s'y sentent bien, et c'est parti pour la suite : publier votre annonce afin de trouver vos premiers locataires.

Chapitre 2

Trouver vos premiers locataires (partie 1) : Comment convaincre en photo

Voilà, vous avez déterminé ce que vous allez mettre en location : un petit nid douillet, propre, fonctionnel et bien décoré, où vos visiteurs se sentiront accueillis chaleureusement et auront l'impression d'être "comme à la maison". Maintenant, le plus dur commence : trouver vos premiers locataires.

A la fin de ce chapitre, vous allez savoir comment rédiger une annonce qui vous permet de vous démarquer de 80% de vos concurrents (qui se contentent bien souvent du strict minimum).

Je vous partagerai également les conseils du photographe professionnel que j'ai engagé pour prendre les photos de mon logement, afin que vous puissiez, vous-même, mettre en ligne des clichés vous permettant de vous distinguer facilement de la masse.

Vous verrez qu'il n'y a pas besoin d'avoir un appareil photo pro pour faire une bonne image : un smartphone suffit. Ce qui compte, c'est la façon dont vous allez faire votre prise de vue, et le traitement en post-production sur votre ordinateur (rassurez-vous, rien de compliqué).

Commençons d'ailleurs par les photos, puisqu'il s'agit là de la toute première chose que les visiteurs d'Airbnb verront, lorsqu'ils lanceront la recherche.

Comment prendre des photos qui attirent les clients

Quand un internaute arrive sur Airbnb et lance une recherche sur votre ville, la première chose qu'il voit lorsque les résultats s'affichent, ce sont les photos des annonces correspondant à ses critères de recherche (capacité d'accueil, prix, présence de divers services, ...). En réalité, je dis "les photos" mais dans un premier temps il s'agit de LA photo. Celle qui apparaît en une, celle qui va déterminer si oui ou non, l'internaute va se décider à lire votre descriptif détaillé. Si vous voulez avoir des réservations, c'est simple : votre photo principale doit faire cliquer les internautes.

Dans les lignes qui suivent, je vais donc vous expliquer comment prendre des photos qui vont booster vos réservations. Je vous rassure tout de suite : pas besoin de faire appel à un photographe professionnel ni même d'avoir du matériel impressionnant ; si je l'ai fait moi-même, c'est parce que j'ai la chance d'avoir dans ma famille un professionnel reconnu. Dans tous les cas, comme je le disais plus haut, un simple smartphone ou un appareil numérique ultra-basique suffit largement. Ce qui compte, c'est votre capacité à mettre en valeur les points cruciaux de votre habitation, et en particulier de bien rendre la luminosité et réussir à donner une impression d'espace, de volume. Pas d'inquiétude, je vous explique tout ça.

Comme je le disais, il y a deux types de photo à faire paraître sur votre annonce.

Les deux types de photo à mettre dans votre annonce

Tout d'abord la photo "à la une" : celle que les internautes verront lorsqu'ils lanceront leur recherche dans le moteur d'Airbnb. C'est là que la bataille commence avec vos concurrents car c'est avec cette photo que vous devez faire la différence et donner envie aux internautes de cliquer pour lire votre descriptif (et donc de réserver chez vous). Vous n'avez donc qu'UNE SEULE chance de convaincre. Cette photo, c'est votre atout majeur ou votre talon d'Achille. Et je vous montre dans un paragraphe ci-dessous les critères pour la sélectionner soigneusement.

Le deuxième type de photos que l'on publiera, ce sont les photos de la galerie défilante. Celles-ci ne sont visibles que lorsque l'internaute a déjà cliqué sur votre annonce (exception faite sur mobile où, lorsque l'on utilise l'appli Airbnb, on peut faire défiler les trois premières photos de l'annonce dès la liste des résultats, sans avoir besoin de cliquer sur l'annonce elle-même).

Le rôle de ces photos est de confirmer la bonne première impression donnée par votre photo en une, de leur montrer à quel point votre logement est agréable à vivre, de leur donner envie de venir se cocooner chez vous. C'est également l'occasion de faire un inventaire en image des objets et du mobilier que vous mettez à disposition de vos visiteurs (télé, rangements, ustensiles de cuisine, vue, espace de jardin, etc...).

En ce qui concerne le nombre, il n'y a pas de maximum. Je vous conseille d'en mettre une dizaine au minimum. Trois par pièce de vie (chambre et salon) et deux au moins pour la cuisine et la salle de bain. Ensuite, rajoutez les photos des détails (donc une photo de la télé, d'éléments de déco, de table dressée, etc), puis des extérieurs (le jardin / balcon, votre rue, quartier, spots touristiques incontournables, etc). Vous pouvez monter jusqu'à une trentaine de photos facilement sans difficulté.

Quoi photographier exactement pour leur donner envie de réserver

Votre objectif en tant qu'apprenti photographe est de mettre en avant la luminosité et les espaces de votre appartement. Cela donnera aux lecteurs de l'annonce l'impression d'être dans un appartement chaleureux et ouvert. Personne n'a envie de réserver dans un appartement rikiki, étroit et sombre.

Mon premier conseil relève donc du bon sens : photographiez votre appartement quand il fait jour et que le temps est beau (cela donnera des couleurs chaleureuses à votre image). Cependant, soyez attentif à ce qu'il n'y ait pas trop de lumière directe dans la pièce que vous photographiez. Cela marquerait les ombres avec trop de contraste et rendrait votre image difficilement lisible au premier coup d'œil. C'est moins gênant dans la galerie "normale", mais pour une image à la une, soyez vraiment vigilant à la lisibilité de votre photo.

Prenez un maximum d'images de toutes les pièces où vos locataires se rendront. Prenez la chambre et le salon sous toutes les coutures. Ne négligez pas la cuisine et la salle de bain, les gens aiment savoir où ils cuisineront et surtout où ils se laveront. Montrez que votre appartement est propre, chaleureux, accueillant. Faites un maximum d'images en 'plan large' (je reviens sur la technique exacte un peu plus bas), et quelques gros plans sur des détails de déco et sur les objets utiles, comme une sorte d'inventaire. Jusque-là, rien d'extraordinaire, vous l'auriez deviné vous-même.

Mon deuxième conseil pour prendre des photos qui attireront les clients comme des mouches : devenez un pro de la mise en scène.

Des études psychologiques ont démontré que lorsqu'un prospect se projette dans l'utilisation d'un objet ou dans un lieu, il est plus susceptible de passer à l'achat. C'est pour cette raison que l'une des techniques de vente les plus utilisées par les agents immobiliers est de demander aux visiteurs d'une maison : "où-est ce que vous mettriez votre canapé ?". De fait, les gens se projettent et s'imaginent vivre dans la maison qu'ils visitent, et sont plus susceptibles de faire une offre d'achat.

Observez autour de vous et vous verrez que ce stratagème est utilisé dans pratiquement toutes les publicités. Quand on veut vous vendre des yaourts, on voit une jeune femme en déguster un avec délice, en fermant les yeux. Idem quand on veut vous vendre une pizza, une machine à laver ou des places pour un match de foot : les publicitaires mettent en scène quelqu'un en qui leurs prospects peuvent s'identifier, et les font utiliser le produit qu'ils veulent leur vendre.

Vous devez faire pareil. Pour les convaincre inconsciemment de réserver chez vous, vous devez faire en sorte que les lecteurs de votre annonce se projettent dans des scènes de vie du quotidien dans votre appartement. Vous devez donc leur facilité la tâche, les aider à s'imaginer chez vous. Pour cela, ajoutez dans votre galerie des photos de la vie quotidienne. Par exemple, prenez en photo la cheminée allumée afin qu'ils puissent s'imaginer une soirée au coin du feu. Dressez la table, remplissez la corbeille de fruits et remplissez les verres avec du champagne ou du jus d'orange, afin qu'ils s'imaginent prendre le quatre-heure ou l'apéro entre amis. Un peu plus loin dans ce chapitre, je vous explique comment faire la même chose avec les mots, lors de la rédaction de votre annonce. Vous allez être étonné de la puissance de cette technique !

Bref, pour les photos, soyez créatif : votre mission est de les faire s'imaginer dans votre logement. Comme si tout était prêt et que vous n'attendiez plus que leur venue. Si vous manquez d'idées, allez voir sur les sites des hôtels de luxe et vous verrez comment ils s'y prennent.

Enfin, mon troisième conseil, c'est de mettre des photos des alentours si ceux-ci sont intéressants d'un point de vue visuel et touristique. Prenez en photo votre rue par exemple, ou la terrasse d'un café rempli. Ou une plage à côté de chez vous, ou un monument historique. Bref, quelque chose qui montre ce que vos voyageurs auront à disposition en sortant de votre logement. C'est un petit détail qui peut faire la différence. Je me rappelle d'un logement en Italie que j'ai choisi uniquement parce que la porte d'entrée donnait sur la place principale de la ville. Si vous êtes bien situé ou que les alentours sont chouettes, alors prenez des photos et rajoutez-les à votre galerie !

Comment sélectionner votre photo à la une et organiser votre galerie :

La photo à la une doit donner envie de cliquer. Elle doit résumer à elle-seule tout votre appartement. Leur démontrer qu'ils vont se retrouver dans un intérieur cosy, chaleureux, où ils se sentiront bien. Votre photo doit également laisser transparaître la propreté de votre logement, donc soyez minutieux dans votre sélection.

Pour choisir votre photo en une, bannissez les photos 'gros plan', ou les détails. Je vous recommande de choisir une pièce où vos locataires passeront du temps : c'est-à-dire soit la chambre (en priorité), soit le salon. Choisissez une photo avec une vue générale sur l'une de ces deux pièces. Prenez la meilleure que vous aurez, au format "paysage" (à l'horizontale, donc). On verra dans quelques lignes comment réussir vos photos sur un plan technique.

En ce qui concerne l'organisation de la galerie, une fois que vous avez sélectionné votre photo en une, faites en sorte que les premières photos visibles soient en priorité :
- les pièces à vivre (salon ou chambre)
- des images larges (les gros plans sur la déco viendront plus tard).

Si vous faites de la location principalement pour des vacanciers estivaux, alors mettez dans le premier tiers de votre galerie des photos de l'extérieur : la terrasse avec son parasol et ses chaises longues, sa table de jardin dressée, le jardin fleuri, le barbecue, etc. Plus vous avancez dans la galerie, plus vous pouvez mettre des photos de détails ou de scènes de vie. Terminez par les photos de l'extérieur de votre logement : la rue, le quartier, les points d'intérêt touristique.

Comment réussir votre prise de vue : techniques pour photographier comme un pro

On arrive à la technique. Pour maximiser vos chances de recevoir des réservations, vos images doivent être propres, réussies. Au top.

Vous vous dites peut-être que ce n'est pas grave d'avoir des photos floues ou mal cadrées car ce qui compte c'est votre logement. En réalité, une photo floue ou mal conçue, mal éclairée, impactera négativement le lecteur de votre annonce. Inconsciemment, il pensera que si votre photo n'est pas au top (il ne s'en rendra pas compte, c'est un ressenti inconscient), votre appartement ne l'est pas non plus. Faites l'expérience vous-même lorsque vous chercherez à réserver vos prochaines vacances. Vous verrez que spontanément, quand une annonce a des photos ratées techniquement, vous vous dites que ça n'a pas l'air terrible et vous continuez de chercher autre chose. Pas d'inquiétude, vous n'êtes pas superficiel : je fonctionne de la même manière, et tous les gens que je connais également. C'est un comportement tout ce qu'il y a de plus humain.

Vous devez donc soigner à la perfection la technique de prise de vue. Pas besoin de faire des chefs-d'œuvre, simplement que ce soit propre. Carré. Soigné.

C'est-à-dire : vous devez mettre en ligne uniquement des images bien éclairées, bien cadrées et parfaitement nettes.

La clé d'une photo réussie : les éclairages

J'ai déjà évoqué l'éclairage un peu plus haut. Privilégiez autant que possible la lumière naturelle indirecte. L'éclairage direct crée des contrastes ombres/lumières très marqués et rend une photo "dure". Ce n'est pas l'erreur la plus grave, mais ce n'est pas très joli.

Lumière "naturelle" signifie que la pièce est éclairée par la lumière du soleil. Si vous n'avez pas cette possibilité (ça sera le cas parfois dans les salles d'eau), alors choisissez des éclairages artificiels discrets et tamisés, rendant une ambiance intimiste et chaleureuse.

D'ailleurs si votre logement n'est pas très lumineux, si par exemple une chambre est légèrement sombre même en pleine journée, alors tournez ce défaut en qualité. Rajoutez des luminaires, allumez les lampes de chevet pour créer une atmosphère tamisée. Si vous avez des bougies, allumez-les également. Plus vous allez créer une ambiance chaude et accueillante, mieux c'est. Dans tous les cas, évitez d'utiliser les lumières directes du plafonnier, ça donne une image blafarde et terne, ce n'est vraiment pas l'idéal pour faire bonne impression.

Pour un rendu plus pro, vous pouvez légèrement surexposer vos photos. Cela donne un côté éthéré, pur, que j'aime beaucoup. D'ailleurs les publicitaires le font systématiquement dès qu'il s'agit de vendre des produits estampillés "propreté", par exemple de la lessive ou du liquide vaisselle. Il y a beaucoup de blanc dans leurs vidéos et on retrouve souvent une ambiance de surbrillance. Cela s'obtient en réhaussant légèrement la luminosité dans les tons clairs lors de la prise de vue (ou alors en post-prod, j'en reparle plus bas). Testez, vous verrez que vos photos prendront une nouvelle dimension !

Deux astuces pour mettre en valeur les volumes de votre logement dans vos photos :

Je le disais plus haut, vous devez démontrer aux visiteurs de l'annonce que votre appartement a de beaux volumes. Si ce n'est pas le cas, si vous mettez en location un tout petit studio par exemple, ce n'est pas gênant : vous le préciserez dans le texte de l'annonce pour éviter l'effet de déception dont je parlais au début de cet ouvrage (vous pourrez le faire en indiquant la surface en mètre carré, par exemple). Pour le moment, on est sur les images, et l'important à ce stade là c'est d'être le plus vendeur possible.

Quand on veut vendre, on parle d'abord à l'émotionnel de quelqu'un, puis ensuite seulement au rationnel pour le conforter dans sa décision. Là, c'est pareil : on va convaincre le visiteur par l'image, on va lui faire avoir un coup de cœur, et ensuite seulement on lui explique, dans le texte de l'annonce, que la pièce fait 12m² (si c'est le cas, bien sûr). Il va raisonner en se disant "ok c'est petit mais ça a l'air chouette". Il va garder en mémoire l'effet "waouh" d'une photo montrant un bel espace. Vous gagnez sur les deux tableaux : vous l'avez convaincu de venir chez vous tout en prévenant toute possibilité de déception à l'arrivée dans les lieux car il aura lu "pièce de 12m²".

Bref, pour mettre en valeur les espaces de votre logement, la première astuce consiste à utiliser l'option grand-angle de votre appareil. Tous les appareils ne sont pas équipés de cette option. Si vous ne l'avez pas, contentez vous de prendre vos photos avec la molette de zoom placée sur le minimum afin d'avoir le plan le plus large possible.

L'utilisation d'un grand-angle, c'est l'un des secrets des photographes professionnels pour réussir leurs images, et pour rendre une impression d'espace même dans une pièce étriquée. Regardez les photos des sites des apparts-hôtels de type "Appart'City". Il s'agit d'appartements de 12 à 15m², et pourtant avec les photos on a l'impression de se trouver dans un loft de 40m².

C'est donc la première méthode que je vous recommande d'utiliser pour vos photos. La seconde chose, c'est de prendre vos photos légèrement en contre-plongée pour donner une impression de volume, de hauteur sous plafond. Concrètement, au lieu de placer votre appareil photo à votre hauteur, vous allez vous accroupir légèrement et prendre la photo seulement à un mètre du sol. Ainsi, le plafond aura l'air plus haut et vous allez décupler l'impression de volume de vos pièces. Utilisez cette technique toute simple, accompagnée, si vous le pouvez, de l'option grand-angle, et vos photos vont faire des ravages !

Retouchez facilement vos photos pour un rendu hyper-pro

L'immense majorité de vos concurrents ne fera pas tout ça. Et avec ce que je viens de vous donner comme conseils, même si vous vous arrêtiez là dans votre processus de création d'images pour votre annonce, vous allez vous démarquer de 90% de vos concurrents qui ne connaissent pas tout ça.

Pour aller encore plus loin et passer dans le peloton des 1%, il reste une dernière étape pour vos photos. Il s'agit de la retouche.

Pas de panique : pas besoin d'être graphiste ou d'apprendre à se servir de Photoshop. Vous allez tout simplement retoucher très légèrement vos images afin de leur donner un cachet supplémentaire. Pas besoin d'appliquer de filtres ou quoi que ce soit. L'objectif, c'est que cette retouche soit invisible à l'œil nu, mais suffisamment marquée pour sortir du lot instinctivement dans l'œil du visiteur.

Pour cela, vous devez faire au moins ces deux choses : augmenter le contraste et diminuer légèrement la luminosité.

Vous pouvez jouer également sur la saturation afin de faire ressortir les couleurs vives. Attention à ne pas y aller trop fort, ça doit rester discret pour ne pas se remarquer. L'idée, c'est de mettre en valeur votre appartement, pas de montrer aux internautes que vous maîtrisez Photoshop comme un pro. D'ailleurs je parle de Photoshop car les photographes professionnels utilisent ce logiciel pour retoucher leurs images, mais vu le prix de la licence, il est plus intéressant et moins compliqué pour vous de prendre en main des sites de retouche en ligne comme http://editor.pho.to/fr/edit/. Vous uploadez votre image, corrigez la luminosité et le contraste, saturez légèrement les couleurs, et hop, vous voilà avec une photo au top.

Vous pouvez également corriger la teinte (ce qu'on appelle la balance des blancs), car certains appareils photos vont donner une image légèrement bleutée (donc froide, qui vous desservira). Vous pouvez aussi augmenter la luminosité dans les blancs pour créer l'effet "propre" dont je parlais plus haut.

Chapitre 3

Trouver vos premiers locataires (partie 2) : Comment rédiger une annonce qui donne vraiment envie de réserver chez vous

Reprenons donc les étapes que suivra l'internaute sur Airbnb : il ouvre l'appli, lance la recherche selon ses filtres de sélection (capacité d'accueil, présence de certains objets/services, etc), et tombe sur la liste des résultats.

Votre photo en une lui donne envie de cliquer pour en savoir plus sur votre annonce. Il feuillette les images, qui se trouvent être à son goût. Il va alors se mettre à lire la description et les détails de votre annonce.

Enfin, je dis lire, mais la réalité est autre : il va scanner.

Son œil va lire en diagonale et s'arrêter uniquement sur ce qui l'intéresse. Il va chercher les infos essentielles : notamment la localisation géographique (qu'il est essentiel de préciser dès les premières lignes de votre annonce, voire même dans le titre, si c'est l'un de vos atouts), la superficie et la proximité des points d'intérêt.

Ensuite, inconsciemment, vous devez lever ses freins sur la propreté et le bien-être qu'il ressentira dans votre logement.

Rédiger un titre qui confirme la bonne première impression de vos photos

Pour commencer, vous devez rédiger un titre qui confirme la bonne première impression laissée par votre photo. Oubliez les titres du genre "Maison à louer le week-end", "Havre de paix" ou "La Rose des Vents" (j'ai vu ce nom une fois). Votre titre doit être descriptif. N'essayez pas de donner un nom pompeux comme certains hôtels peuvent le faire. Votre titre doit apporter un premier élément d'information à votre client potentiel. Il doit résumer en quelques mots les principaux atouts de votre logement. Pour vous donner une idée, le mien c'est "Bel appartement lumineux et central". En anglais, j'ai mis "Bright, cosy and central appartment" (j'ai donc rajouté un critère : son côté chaleureux, avec "cosy"). Si vous louez un logement en centre-ville, précisez-le dès le titre car la localisation est souvent l'un des critères principaux lorsqu'il s'agit de faire son choix.

Voici quelques idées que vous pouvez reprendre à votre compte :
- appartement chaleureux à deux pas du cœur de ville
- chambre décorée avec goût dans quartier piéton
- studio moderne dans quartier calme avec vue sur mer
- maison douillette dans hameau au pied des pistes de ski
- cottage chaleureux et paisible au milieu de la nature
- appartement romantique dans bourgade calme

D'une manière générale je vous invite à suivre la structure suivante pour votre titre :

1. Le type de bien (appartement, maison, chambre, ...) que vous mettez à disposition. Évitez les noms du genre "T2, T3, etc" qui ne sont pas compris par tous, surtout si vous louez à des étrangers.
2. Style de déco ou d'ambiance (chaleureux, cosy, moderne, douillet, futuriste, romantique, ...)
3. Localisation (tournez-la systématiquement en avantage : si vous êtes dans une rue animée, dites "au cœur de la ville" ; si vous

êtes isolé, dites "au calme", "au milieu de la nature", "idéal pour se ressourcer", etc).

S'il vous reste de la place, rajoutez un quatrième atout. Cela peut-être des choses plus terre à terre, plus orienté sur l'aspect pratique. Indiquez par exemple que vous fournissez le Wifi gratuitement, ou qu'une machine à laver est disponible. Ou que vous prêtez des vélos.

Rédaction du premier paragraphe : développez le titre et levez les premiers freins

Vous devez donc rédiger un premier paragraphe (celui qu'Airbnb met en avant) qui reprend tous les éléments que j'évoque dans la partie sur le titre : localisation, taille de l'appartement, proximité du centre-ville ou des points d'intérêt touristique, et rassurer sur l'aspect "cosy", "nid douillet" (ou autre, en fonction de votre positionnement, bien sûr), de votre logement.

Pour vous aider, je vous donne, un peu plus loin dans cette partie, l'intégralité du texte de mon annonce sur Airbnb. Vous pouvez vous en inspirer librement (sauf si vous êtes dans ma région géographique, n'allez pas me piquer des clients hein !). En attendant, voici déjà le premier paragraphe de mon annonce, celui qui est mis en avant par défaut lorsque l'utilisateur cherche à lire le descriptif.

Mon premier paragraphe :
"Bel appartement lumineux dans résidence calme, à deux pas de l'hypercentre et de ses nombreux cafés et restaurants. Vue dégagée, exposé plein sud ! Commerces et points d'intérêt touristique accessibles en quelques minutes à pieds. Parking gratuit."

Vous le voyez, l'objectif est simple : rassurer le client potentiel sur les bonnes premières impressions qu'il a eu en lisant votre titre et en voyant la photo en une.

43

Ensuite, vous allez pouvoir rédiger le reste de votre annonce. Pour vous aider, Airbnb vous indique plusieurs cases à remplir. Indiquez-y tous les éléments qui vous semblent nécessaires, en adoptant autant que possible le style de rédaction que je vous indique ci-dessous, et qui vous permettra de vous démarquer de 90% (au moins) des annonces concurrentes.

Voici mes conseils de rédaction publicitaire, ou de 'copywriting' comme disent les anglophones (les fans de la série Mad Men comprendront).

5 conseils de copywriting à la Mad Men

1. Être exhaustif dans la description

Lors de votre rédaction, gardez à l'esprit que vous devez rassurer le lecteur de l'annonce sur la propreté du logement (ça passe par les photos et ensuite il le vérifiera dans les commentaires et les notes, mais quand même !), le bien-être qu'il ressentira lorsqu'il y sera. Utilisez le champs lexical approprié : nid douillet, appartement cosy, chaleureux, lumineux, agréable, doux, au calme, reposant, etc.

Pour décrire l'appartement et ses équipements, utilisez des mots comme "tout équipé", "confort moderne", "bien décoré et aménagé", etc. Rassurez-les sur le fait qu'ils vont trouver tout ce qui est nécessaire pour qu'ils passent un séjour sans rien manquer.

Lorsque vous décrirez le quartier, si vous êtes bien situé, utilisez des mots comme "au cœur de la ville", "quartier dynamique, animé, festif", "rue commerçante", "artère vibrante", "le poumon de la ville", etc. Sinon adaptez à votre situation, par exemple si vous êtes à la campagne, en bord de mer, ou dans un quartier moins central de votre ville : "au calme", "à l'écart", "dans un quartier résidentiel", "au cœur de la nature", "avec vue sur mer", etc. Si c'est le cas, rassurez également les gens sur la bonne desserte via les transports en commun entre le centre ville et votre logement (par exemple : "... à seulement 10 minutes en bus du cœur de la ville").

N'hésitez pas à faire long, cela rassure. La plupart des gens ne liront pas toute votre annonce, mais ils seront rassurés de voir que vous avez pris le temps d'écrire quelque chose de complet et d'exhaustif. Dans leur inconscient, vous gagnez des points : si vous soignez votre annonce, il y a de fortes chances pour que vous soigniez votre appartement.

D'ailleurs la réciproque est vraie aussi : si vous bâclez votre annonce, si elle n'est constituée que d'un petit paragraphe de 3-4 lignes, qu'elle a été écrite avec des abréviations et qu'elle est bourrée de fautes, dans son inconscient le lecteur pensera que votre appartement est bâclé aussi, que vous ne vous en occupez pas bien, et il continuera ses recherches ailleurs.

Pour convaincre, vous devez parler autant -si ce n'est plus- à l'inconscient qu'au conscient. Autrement dit, comme je le disais plus haut lorsque je parlais des photos, vous devez parler à l'émotionnel d'abord puis au rationnel ensuite. En ayant une longue description, complète et détaillée, l'émotionnel comprend que vous êtes sérieux et dévoué. Vous le rassurez. Vous avez passé la première barrière psychologique. Ensuite, le rationnel arrive lorsque la personne lit et analyse consciemment votre description. Et si vous suivez mes recommandations, vous passerez également le test du "rationnel" et le lecteur réservera chez vous.

2. Lever les objections

Quand l'internaute d'Airbnb se met à lire votre annonce, c'est que vous avez déjà passé les premiers obstacles concernant les photos. Dans sa tête, il envisage donc de réserver chez vous. Le problème à ce stade là, c'est de lui enlever toutes les objections qui pourraient lui venir à l'esprit.

Qu'est-qu'une objection ?

C'est le frein à l'achat. Ou, en l'occurrence, ici, à la réservation. L'objection, c'est une peur paralysante. Une excuse (valable ou non) pour ne pas agir.

Voici quelques objections auxquelles vous pourriez être confronté :
- "ce logement sera t-il assez grand pour moi et ma famille ?" ;
- "ce quartier n'est-il pas trop éloigné du centre ?" ;
- "ai-je besoin d'emmener mes draps et mes serviettes ?" ;
- "la connexion internet permet-elle de regarder des films en streaming ?" ;
- "je veux éviter de devoir manger au restaurant, y'a t-il tout le nécessaire pour cuisiner ?" ;
- "cette rue ne risque t-elle pas d'être trop bruyante ?" ;
- "puis-je amener mon animal de compagnie ? ;

Et ainsi de suite.

Dans votre annonce, vous devez donc répondre à toutes les questions que les lecteurs se poseront et qui pourraient les empêcher de réserver si vous ne leur apportez pas les garanties qui les rassureront.

Je vous invite à faire ce petit exercice : reprenez ce que vous avez rédigé ci-dessus et pour chaque point que vous avez indiqué, cherchez une objection.

Vous avez mis que le logement est dans un quartier calme : une objection sera l'éloignement par rapport au centre. Dans ce cas, rassurez en indiquant qu'un bus de ville passe au pied de votre habitation et les emmène dans le centre en 10 minutes maximum.

Vous indiquez être en rez-de-chaussée : l'objection première sera le passage, les indiscrétions, et le bruit dans la rue. Rassurez en indiquant que la rue est calme, ou que l'appartement donne côté jardin.

Bref, vous saisissez l'idée : prenez chaque point de votre annonce, réfléchissez aux objections. Jouez vous-même au "client relou", et rajoutez une ligne pour le rassurer. Vous pouvez même faire un jeu de rôle avec quelqu'un de votre entourage en lui disant d'être le plus casse-bonbon possible. C'est probablement le meilleur exercice pour trouver les idées qui vous permettront d'éviter de perdre des réservations à cause d'objections non levées (certaines personnes prendront le temps de vous envoyer un message, mais l'immense majorité quittera votre annonce à la première objection).

Ensuite, ce que je vous recommande, c'est qu'à chaque fois qu'on vous pose une question, de rajouter la réponse dans votre annonce. Dites-vous bien que pour chaque personne qui vous pose une question, il y en a 10 qui n'ont pas osé le faire et qui sont parties voir d'autres annonces. Ce réflexe peut vous permettre de réellement booster vos réservations sur le long-terme, alors prenez le temps de le faire.

3. Faire se projeter :

J'en ai déjà parlé, une des techniques des agents immobiliers pour vendre un bien, c'est de faire s'imaginer les gens comme vivant déjà dans le bien. Par exemple, en leur demandant, "le canapé, plutôt dans cet angle là ou dans celui-ci ?". En réalité, vous vous en doutez, il s'en fout de savoir où les futurs acquéreurs positionneront leur canapé. Ce qui lui importe, c'est de les projeter mentalement dans la situation où la maison est à eux et où ils peuvent disposer leur mobilier comme ils le souhaitent.

Pour convaincre les gens qui liront votre annonce de réserver avec vous, vous devez faire pareil. Vous devez les aider à se projeter dans votre salon à regarder un film emmitouflé dans un plaid, à siroter un jus d'orange frais sur votre balcon ou dans le jardin, ou à se préparer des bons petits plats grâce à votre cuisine toute équipée.

On l'a déjà fait dans les photos mises en scène. Il suffit de faire pareil avec les mots, cette fois. Écrivez les choses exactement comme je viens de le faire dans le paragraphe précédent. Par exemple : "le matin, vous profiterez du soleil sur la terrasse en vous régalant avec une tasse de thé et des tartines de pain grillé". Pour vous aider, visualisez dans votre tête un petit film de la journée idéale dans votre appartement, et couchez sur papier ce que vous voyez. En utilisant le "vous", afin de faire comprendre à la personne que c'est ELLE et elle seule qui vivra tout ça.

Plus vous donnerez des détails précis, plus vous ferez ressentir des sensations, des odeurs, des émotions au lecteur de votre annonce, plus il voudra réserver chez vous. C'est aussi simple que ça.

4. Tourner le factuel en avantage

Une des clés pour convaincre, c'est de toujours tourner en avantage pour le client ce qui est sensé être factuel. Le factuel, c'est chiant. Si vous dites : "la chambre fait 14m²", ça ne veut rien dire, ce n'est pas vendeur. Personne ne se rend compte de ce que c'est qu'une chambre de 14m².

En revanche, si vous tournez le truc autrement, par exemple en écrivant : "la chambre spacieuse (14m²) vous permettra de vous sentir immédiatement à l'aise : vous y déposerez vos affaires dans les nombreux rangements. Vous adorerez traîner au lit et regarder un bon film avant de vous endormir sur un matelas confortable et douillet" ; vous lui donnez des tas de raisons de réserver chez vous, peu importe la surface de votre chambre.

Je vais prendre un autre exemple, peut-être plus parlant. Imaginez que je suis un vendeur de disques durs externes. Deux clients viennent me voir. Au premier, je lui indique que le disque dur que je vends possède 500GO de mémoire et se branche en USB2. Au second, je lui explique qu'il peut y stocker jusqu'à mille films, plusieurs dizaines d'heures de musique de ses artistes préférés, des dizaines de milliers de photos de ses vacances, et qu'il se connecte instantanément à son ordinateur en le branchant simplement avec le cordon fourni. A votre avis, lequel des deux clients a plus de chance de repartir avec le disque dur externe ?

Le second. Tout d'abord parce que le second s'est projeté dans la possession de l'objet (cf point précédent) quand j'ai décrit qu'il pourrait y stocker ses films et ses chansons préférés. Et surtout parce que j'ai tourné un fait (500GO de mémoire) en avantage (la capacité de stocker des centaines de films). Si j'ai affaire à quelqu'un qui n'y connaît pas grand chose en informatique, il ne va rien comprendre à ma description factuelle de la situation 1, mais va entendre et saisir les avantages de la situation 2.

Pour revenir à nos moutons, je vous encourage donc à reprendre chaque point de votre annonce qui se trouve être uniquement factuel, voire même technique, et à le transformer en avantage, en quelque chose de parlant, de concret pour les lecteurs de l'annonce. Par exemple, au lieu de dire juste : "place de parking à disposition", rajoutez "vous trouverez une place de parking privée à votre disposition gratuitement, ce qui vous évitera de devoir tourner en rond dans le quartier à la recherche d'une place, ou de devoir payer pour le stationnement !". Bon, j'exagère volontairement pour cet exemple car "place de parking à disposition" c'est déjà extrêmement parlant. Mais vous voyez l'idée.

5. Faire des récapitulatifs en 'liste à puces'

Enfin dernier point, je vous invite, à la fin de chaque grande partie de votre annonce, de faire un récapitulatif façon liste à puces.

Tout le monde ne lira pas l'intégralité de votre texte. La plupart des gens, en réalité, se contenteront de le survoler en diagonale. L'idée, c'est de leur facilité la vie et de leur mettre à disposition tous les éléments importants au même endroit, facilement lisibles.

Reprenez tout ce que vous avez écrit et listez-les, comme une sorte de conclusion. Faites simple, bref et concis. Un fait, et son avantage principal :

- une chambre douillette de 14m² où vous apprécierez le balcon et la vue sur mer ;
- un salon cosy et chaleureux de 30m², avec plusieurs canapés, une grande télé HD pour regarder vos films le soir en famille, et vous détendre lors de l'apéro ;
- une cuisine équipée avec tout le nécessaire pour réaliser de bons petits plats (casseroles, poêles, four, …) ;
- etc.

Vous avez pigé l'idée générale : donnez un maximum d'infos, faites en sorte que les gens se projettent dans votre logement, et mettez un récapitulatif facile et rapide à lire à la fin.

L'exemple de mon annonce sur Airbnb

Je vous l'avais promis, la voici : mon annonce Airbnb complète. Vous pouvez vous en inspirer librement. Assurez-vous tout de même d'adapter votre texte à la clientèle que vous visez et au type de bien que vous mettez en location.

Mon annonce :

"Bel appartement lumineux et moderne dans une rue calme à deux pas du centre et de ses nombreux cafés et restaurants.

Situé au dernier étage d'une résidence de standing, vous apprécierez son calme et profiterez de sa vue dégagée sur les toits de la ville. Exposé plein sud et sans vis-à-vis, vous bénéficierez du soleil toute la journée !

Le centre-ville et les points d'intérêt touristique sont tous accessibles en quelques minutes à pieds depuis l'appartement. Les commerces (boutique bio, Carrefour Market, boulangerie, etc), et les cinémas sont à 200 mètres.

La cuisine équipée est à votre entière disposition. Que ce soit le matin pour prendre un café avec des tartines de pain grillé, ou en journée pour vous cuisiner de bons petits plats sur les plaques électriques neuves. Tout le nécessaire de cuisine (assiettes, couverts, ustensiles, etc) se trouve dans les nombreux rangements.

La grande pièce à vivre se compose d'un coin-nuit calme et douillet ainsi que d'un grand espace salon - salle à manger (avec TV) pour prendre l'apéro ou dîner en profitant de la vue dégagée.

Si vous venez pour travailler, vous disposez d'un coin-bureau et d'une connexion Wifi d'excellente qualité.

Pour résumer, l'appartement se compose :
- d'une grande pièce à vivre (30m²) dans laquelle se trouve un espace à coucher et un grand salon (avec TV).
- d'une cuisine équipée (plaques vitro-céramiques, frigo, machine à café, grille-pain, nécessaire de cuisine, etc)
- d'une salle de bain lumineuse (avec douche et WC).

Accès des voyageurs :

> L'appartement est situé dans le centre, à quelques minutes de marche de l'hypercentre piéton, dans une rue calme et tranquille.

> Accès hyper simple depuis la gare (moins de 10 minutes de marche, pratiquement tout en ligne droite, impossible de se perdre).

> Si vous venez en voiture, une place de parking privée vous est réservée.

> Les bus locaux passent à 100 mètres et permettent de se rendre dans toute l'agglomération (mais vous n'en aurez probablement pas besoin).

Échanges avec les voyageurs :

Je suis joignable par téléphone et mail tout au long de votre séjour, et à votre entière disposition pour rendre votre passage dans ma ville aussi agréable que possible.

Le quartier :

L'appartement est situé dans un quartier calme, à quelques minutes à peine de l'hypercentre. Les meilleurs bars et restaurants sont dans un rayon de 10 minutes à pieds de l'appartement. De même pour tous les points d'intérêt touristique de la ville.

Autres remarques :

Vous disposez d'un accès internet (en wifi, connexion excellente) dont les codes sont indiqués dans l'appartement."

Inspirez-vous de ça, et vous allez déjà recevoir facilement et rapidement vos premières réservations.

Dans les pages qui suivent, je vais passer en revue les différentes options et les réglages à peaufiner pour transformer votre annonce en bête de compétition, et faire exploser vos réservations. C'est parti !

Quels réglages particuliers activer pour booster vos réservations :

Une fois votre annonce prête, bien rédigée, et publiée avec ses photos, il vous faudra encore régler quelques détails pour optimiser la recherche de vos clients. La première chose, c'est de penser à cocher les équipements dont votre logement dispose : beaucoup de gens font des recherches par filtres, et cela serait dommage de manquer une réservation parce que vous avez oublié de cocher la case 'wifi' ou 'machine à laver', par exemple.

Ensuite, vous trouverez ci-dessous les options à activer ou non afin d'affiner votre annonce et trouver des clients qui vous correspondent.

Faut-il activer l'option de réservation pour le jour même ?

Cette option permet, par exemple, d'avoir une réservation dans l'après-midi pour une arrivée dans les lieux le soir même. Cela vous permet de trouver des clients qui improvisent complètement leur voyage, qui n'avaient pas prévus de venir dans votre ville et qui s'y trouvent pour une raison quelconque, mais aussi de dépanner des gens qui se seraient fait planter par leur hôte en dernière minute (ça m'est arrivé lorsque je voyageais en Roumanie, heureusement que j'ai pu trouver un logement en dernière minute : réservation faite vers 19h pour une entrée dans les lieux vers 21h).

En clair, en activant cette option, vous vous ouvrez sur une clientèle nouvelle : celle qui improvise.

Le gros inconvénient, c'est qu'il faut que vous soyez constamment disponible, et que votre logement soit prêt pour recevoir des visiteurs à tous moments (ou, en tout cas, que vous puissiez le rendre prêt à accueillir en une heure maximum).

Personnellement, je n'ai pas activé cette option pour deux raisons simples : je ne suis pas sur place, mais à une vingtaine de minutes de mon bien. Et il m'arrive de ne pas avoir accès à internet plusieurs heures d'affilées, notamment lorsque je suis en tournage de vidéos (ou en session d'écriture comme maintenant). Si jamais une réservation pour le jour même tombait là, comme j'ai aussi activé l'option "réservation instantanée" (je vous explique ça plus bas), il suffirait que je lise mes mails avec un peu de retard et je risquerais de louper l'arrivée de mon hôte, ce qui serait vraiment dommageable pour lui, et pour le commentaire que je recevrais ensuite.

Si vous êtes sur place, que votre logement est facile à préparer pour les locataires, et que vous avez un accès constant à internet pour être certain de recevoir vos réservations en temps réel, alors vous pouvez activer cette option. Sinon je ne vous le recommande pas : c'est risqué.

Faut-il mettre un nombre de jours minimum pour le séjour de vos locataires ?

Il faut bien comprendre un truc : un business de location saisonnière, cela prend du temps. Au début, on se dit juste que l'on aura deux draps à changer, un coup de balais à passer, et être présent dix minutes de temps en temps pour accueillir les locataires. En réalité, c'est beaucoup plus chronophage que ça. Si vous n'êtes pas sur place directement, la première chose à savoir c'est que vous passerez un temps fou à attendre. Car vos locataires vous donneront des heures d'arrivée approximatives, et seront souvent là avec une demi-heure ou une heure de retard, voire parfois davantage, vous obligeant à attendre sur place.

Ensuite, le ménage, le change des draps, tout ça, cela prend énormément de temps : vous vous rendrez vite compte que tout doit être nickel et que vous serez probablement bien plus exigeant en terme de propreté pour vos locataires que pour votre propre habitation. Notamment parce que vous avez compris que votre business dépend des bons commentaires que vous recevrez, qui dépendent eux-mêmes, entre autres, de la propreté du logement.

Enfin, vous allez passer également un certain temps à la gestion. La mise à jour des calendriers, les réponses aux différents mails qu'on vous enverra, parfois pour rien car leurs expéditeurs ne réserveront pas chez vous par la suite, etc.

Bref, tout ça pour vous dire que la gestion d'un bien en location saisonnière prend énormément de temps. Et l'un des facteurs déterminant de ce temps que vous y consacrerez, c'est le nombre de locataires que vous aurez... et la durée de leur séjour.

Il est évident que si vous ne prenez que des locataires pour une durée d'une nuit, en un mois vous allez devoir faire le ménage 30 fois, changer les draps 30 fois, et répondre à au moins 30 mails.

Sans compter que votre marge diminue à chaque fois que vous changez les draps ou que vous faites le ménage. Cela vous coûte de l'argent en entretien, en usure des draps, en produits ménagers, en déplacements si vous n'êtes pas sur place, etc.

Du coup, vous me voyez venir : si au lieu d'accepter des locataires pour une seule nuit, vous sélectionnez l'option "séjour de deux nuits minimum", vous n'avez plus 30 ménages, 30 changes de draps et 30 mails à vous occuper, mais plus que 15. Et si vous mettez "trois nuits minimum", alors vous passez à 10. Et à chaque fois, votre marge augmente de facto.

Un des meilleurs moyens pour doubler ses revenus avec la location saisonnière, c'est donc de réduire autant que possible le turnover de vos locataires. En clair, plus ils resteront longtemps chez vous, plus vous gagnez... A condition de réussir à remplir votre calendrier.

Pour remplir un mois au maximum et maximiser vos revenus, je vous recommande de suivre la logique suivante.

D'abord, vous n'autorisez que les réservations pour 3 nuits minimum. Vous remplissez votre calendrier autant que possible. Puis vous élargissez à 2 nuits minimum afin de combler les trous, et enfin, si vous avez quelques nuits non remplies par-ci par-là, vous pouvez passer à une nuit minimum pour passer à 100% de remplissage (ou presque, vous aurez toujours quelques nuits isolées non louées ici ou là).

On reparle de tout ça dans le chapitre consacré au prix !

Qu'est-ce que le "temps de préparation" de votre logement, et comment l'activer/désactiver ?

Le temps de préparation de votre logement est une option qui permet de bloquer automatiquement la ou les nuits suivants le départ de vos locataires, afin de vous permettre de préparer votre logement pour les suivants.

En clair, si vous avez quelqu'un qui réserve du vendredi soir au lundi matin, et que vous avez activé cette option en mettant que votre préparation prend une journée, alors les prochains visiteurs de votre annonce ne pourront réserver qu'à partir du mardi soir.

Je conçois l'intérêt de cette option si vous louez un château pour 15 personnes et qu'il vous faut vraiment du temps pour remettre tout en état. Mais la plupart du temps, vous n'aurez pas besoin de ça. D'autant que sur Airbnb, globalement les gens sont respectueux des logements et qu'ils essaient de le rendre dans le meilleur état possible.

Dans un chapitre suivant, je vous expliquerai même mon astuce pour faire faire le ménage par mes locataires sans devoir débourser un seul centime, et en leur donnant l'impression que je leur fais une faveur. Cela m'évite justement de devoir bloquer du temps pour le ménage (même si je repasse systématiquement derrière eux pour m'assurer que tout est nickel).

Bref, activer cette option a de l'intérêt si vous mettez en location un logement immense, ou si pour des raisons matérielles vous n'avez pas la possibilité de remettre votre bien en état de location dès la sortie des lieux des locataires (par exemple si vos horaires de travail ne le permettent pas).

Autrement, je vous conseille de la désactiver afin de maximiser votre taux de remplissage.

L'importance de publier votre annonce en plusieurs langues

Si vous ne parlez pas que le français, il est préférable de publier votre annonce également dans d'autres langues. L'anglais est même carrément indispensable si vous voulez vous ouvrir à l'international : c'est la langue la plus parlée des voyageurs, même si ce n'est pas leur langue maternelle. J'ai déjà eu des réservations d'allemands et de hollandais par exemple, via l'annonce en anglais (je ne parle ni l'allemand ni le néerlandais).

Techniquement, Airbnb évolue constamment donc je ne peux pas vous expliquer la procédure précise car ce que j'écrirais là risquerait bien de ne plus être valable dans six mois. Le principe, c'est d'aller dans l'interface propriétaire d'Airbnb, jusqu'à l'endroit où vous rédigez les textes de votre annonce. En haut de cette page, vous pouvez rajouter une langue différente et écrire votre annonce dans cette nouvelle langue. N'ayez crainte : la langue s'affichera intelligemment suivant si le visiteur provient de France ou d'ailleurs. Pas de risque qu'un vendéen découvre votre annonce en espagnol, ou qu'un britannique vous lise en français : tout est bien pensé !

Faut-il activer ou non la réservation instantanée ?

Le système de réservation instantanée permet aux utilisateurs d'Airbnb de réserver votre logement sans devoir attendre votre approbation.

Si vous l'activez, un petit éclair orange apparaît à côté de la photo de votre annonce, ce qui vous permet de vous distinguer visuellement également au milieu de votre concurrence. Activer l'option de réservation instantanée est préférable si vous tenez votre calendrier à jour, afin d'éviter des réservations sur des dates où vous ne pouvez pas accueillir.

Cette option est recherchée par de nombreux voyageurs, et à

mon sens c'est un indispensable si on veut réellement réussir sur Airbnb.

Pour ma part, je sais que quand j'ai besoin d'un logement, je fais une recherche d'abord en rajoutant le filtre "montrer uniquement les logements avec réservation instantanée", ça me permet de pouvoir réserver directement et ne pas être pendu à mon téléphone les prochaines heures, à attendre que l'on me valide ou non.

Les premières fois que j'ai utilisé Airbnb, je cherchais aussi des réservations demandant l'approbation de l'hôte, mais c'était vraiment galère pour l'organisation (surtout que j'ai tendance à tout faire en dernière minute, et quand je m'y mets j'ai besoin que ça aille vite).

Bref, à vous de voir, donc. Mais comme je le disais, il y a deux gros avantages à activer cette option :
- vous êtes immédiatement trouvable par ceux qui vous cherchent en activant le filtre ;
- vous vous démarquez instantanément de vos concurrents grâce à l'éclair orange sur votre annonce, pour les visiteurs qui cherchent sans activer le filtre.

L'inconvénient principal de cette option, c'est qu'on ne choisit donc pas les locataires que l'on aura. Ce qui peut être inconfortable si vous hébergez les gens directement au sein du logement où vous habitez, et que vous préférez héberger, par exemple, des gens dans votre tranche d'âge, ou privilégier les couples plutôt que les groupes d'amis, etc.

Pour résumer, je vous recommande d'activer cette option seulement :
- si vous tenez à jour votre calendrier, afin d'éviter que quelqu'un réserve chez vous à un jour où votre logement n'est pas libre. Cela vous obligerait à annuler ensuite cette réservation, ce qui s'afficherait ensuite dans vos références et pourrait être perçu négativement par les futurs lecteurs de votre annonce.

- si vous êtes à l'aise avec le fait de ne pas choisir vos locataires.

D'ailleurs, cela m'amène à une question plus large : faut-il accepter tout le monde chez soi ? J'y réponds dans les lignes qui suivent.

Comment (bien) choisir ses clients et éviter les clientèles à problème

On n'en parle pas souvent dans les ouvrages consacrés à la location saisonnière, mais il est important de savoir que tous les clients ne sont pas bons à prendre. Certains vous apporteront des ennuis : les groupes d'amis venus faire la fête et qui ne manqueront pas de casser des trucs chez vous (ou d'empêcher vos voisins de dormir), les prostituées qui accueilleront leurs clients dans vos draps, et j'en passe.

Alors comment faire pour choisir ses clients sans faire de discrimination, et surtout si on active l'option "réservation instantanée" ?

Par le prix !

C'est en jouant sur les prix que vous trierez votre clientèle.

Cela peut vous paraître cynique, mais c'est pourtant la réalité. Plus vous aurez des prix élevés, et avec eux une prestation haut-de-gamme, moins vous risquerez de voir débarquer chez vous des "punks à chien" venus passer la nuit au chaud, ou des prostituées qui veulent y accueillir leurs clients (je connais personnellement plusieurs loueurs sur Airbnb à qui ces deux choses sont arrivées).

Pour ma part, j'en suis arrivé à la constatation suivante : mon client idéal, c'est le couple. Ils sont globalement plus respectueux que les clients "solo" car en couple on fait un minimum attention à ne pas être dégueulasse ou bordélique, ne serait-ce que par respect pour l'autre. De plus, le couple qui réserve sur Airbnb est souvent en escapade romantique : ils vont se balader la journée, se faire un bon resto le soir, et passeront finalement assez peu de temps dans le logement, avec donc peu de risque de le salir ou de le détériorer. Enfin, leur budget est souvent supérieur à celui d'une personne seule : ils ont deux bourses pour vous payer au lieu d'une. Le prix est donc moins un problème pour eux : vous ne vous fermerez pas à une réservation "couple" en augmentant légèrement vos tarifs.

Les prix font donc l'objet du prochain chapitre. Mais avant ça, en guise de conclusion de cette grande partie consacrée à la recherche de vos locataires, je voudrais parler d'un sujet particulièrement important : il s'agit de la visibilité de votre annonce sur le site Airbnb.

Obtenir de la visibilité dans le moteur de recherche d'Airbnb

Un des critères qui fera votre succès (ou non) sur Airbnb, c'est votre positionnement dans le moteur de recherche lorsque les internautes regarderont pour un logement dans votre ville. C'est logique : plus vous sortirez dans les premiers, plus vous aurez des chances d'obtenir des réservations. Sauf qu'obtenir de la visibilité sur le moteur d'Airbnb n'est pas instantané et peut prendre un certain temps. Heureusement, il existe une méthode pour monter rapidement dans les résultats des recherches.

Ce que vous devez savoir, et qu'ignorent 90% des gens qui mettent leur logement sur Airbnb, c'est que votre positionnement dépend de plusieurs critères :
- de votre ratio visites de votre annonce / réservations,
- du nombre de commentaires que vous recevez (et surtout du ratio bons/mauvais),
- du nombre de photos,
- de la longueur de votre annonce.

A cela, s'ajoutent bien sûr les critères de sélection indiqués par l'internaute. Si celui-ci indique qu'il souhaite un logement avec internet, laverie, four, vélo, et d'autres, si vous n'avez pas l'un de ces services / objets, vous n'apparaîtrez pas dans les résultats. Soyez donc vigilant à bien cocher les équipements que vous mettez à disposition de vos locataires.

Et enfin, par dessus tout ça vient le prix. Plus vous êtes bas, plus vous avez des chances d'être visible, notamment par les internautes qui trieront les résultats par ordre croissant de prix.

Je vais reparler dans les détails de la stratégie de prix à mettre en place pour maximiser vos revenus, mais comprenez d'ores et déjà l'importance de mettre un tarif vraiment peu cher au début de votre activité, afin de sortir dans les premiers chez les requêtes des utilisateurs quel que soit leur budget. Ainsi, vous récupérez des bons commentaires, un bon taux de réservation (le ratio visites / réservations) car vous proposez un logement de qualité pour un prix modique. Par ricochet, vous montez dans les résultats du moteur de recherche d'Airbnb, et enclenchez ainsi le cercle vertueux des réservations.

Tout est clair pour vous en ce qui concerne la partie "trouver vos locataires" ? Alors passons au chapitre sur les prix ! Go !

Chapitre 4

Stratégies pour fixer un prix et le faire évoluer (et maximiser vos revenus)

Dans les pages précédentes, je vous ai expliqué comment trouver vos premiers locataires grâce à l'annonce et aux photos. Il reste un paramètre déterminant pour louer votre bien : son prix.

Fixer un prix est la chose la plus difficile. Au début, on ne se sent pas légitime de demander le "bon prix" pour une prestation ou un service. Lors de nos premiers jours sur Airbnb, on va avoir tendance à baisser le prix demandé et réclamer trop peu aux clients. C'est d'ailleurs le cas dans toutes les activités professionnelles : quand on se lance, on a peur de se faire envoyer promener, d'être trop cher, de ne pas trouver de clients, alors on brade ses services dans l'espoir de décrocher un contrat le plus vite possible, quitte à y gagner des clopinettes. Tous ceux parmi vous qui auront tenté l'expérience de l'entrepreneuriat ou du freelancing comprendront de quoi je parle.

Bref, pour revenir à nos moutons, au départ sur Airbnb vous allez avoir tendance à ne pas louer votre logement assez cher. C'est encore plus vrai si vous avez emprunté à la banque pour pouvoir acheter le bien que vous mettez en location. Le crédit tombe chaque mois, et vous n'avez pas d'autre choix que de trouver des locataires pour le rembourser. La peur et l'urgence vont vous faire baisser vos prix jusqu'à la limite du raisonnable pour obtenir vos premières réservations.

Je le sais car je suis passé par cette phase aussi : mes 8 premiers locataires m'ont TOUS dit que je n'étais pas assez cher. Soit en me le disant directement, soit en me disant "vous êtes une bonne adresse, super rapport qualité-prix, on vous garde sous le coude".

J'étais flatté à chaque fois, mais à chaque fois aussi j'avais une sensation désagréable de déséquilibre. Comme si la prestation que j'apportais était supérieure à l'argent que je recevais en retour. Et pour cause : mes premiers clients payaient 39€ la nuit pour un appartement de 40m² flambant neuf, décoré avec goût, situé en plein cœur de la ville, avec une vue splendide. J'étais même moins cher qu'un Formule 1 basique, situé en périphérie de ville, et où les clients doivent traverser la moitié de l'hôtel pour trouver les douches et les toilettes communes dégueulasses (je le sais, j'ai testé pour comparer les prestations !).

Bref, de fil en aiguille, je me disais que ce n'était pas possible. Certes, j'étais plein tout le temps, mais à ce prix là j'étais perdant dans le deal.

Mais j'avais une stratégie claire en tête : obtenir d'excellents premiers commentaires afin de sortir plus haut dans les résultats du moteur de recherche Airbnb, et ensuite pouvoir augmenter mes tarifs une fois la preuve faite de la qualité de mon offre.

Ce qui détermine un processus d'achat (ou de réservation pour ce qui nous intéresse aujourd'hui), c'est d'abord les avis d'autres utilisateurs. Regardez quand vous commandez un livre sur Amazon : votre réflexe c'est d'aller voir les avis laissés par les précédents lecteurs. De regarder le nombre d'étoiles, la note sur 5 et de lire les commentaires détaillés.

Dans le tourisme, ce qui détermine une réservation, ce sont : les photos, l'emplacement, le prix, et surtout... les avis des précédents clients.

Je vous ai déjà parlé dans les pages précédentes de l'importance d'obtenir des bons commentaires donc je ne vais pas recommencer ici. Ce que vous devez garder en tête, c'est que votre premier objectif sur Airbnb, avant même de penser rentabilité ou quoi que ce soit, c'est d'obtenir vos premiers commentaires et de faire en sorte qu'ils soient excellents.

Au départ, si vous obtenez entre 2 et 5 commentaires super positifs, alors les réservations vont affluer, même si vous augmentez vos tarifs ensuite (c'est le but). Pourquoi ? Parce que les montants réglés par les clients n'apparaissent pas dans les commentaires qu'ils laissent. Ainsi, si vous obtenez vos 5 premiers commentaires excellents avec un prix à 30€ la nuit, et que vous passez à 50€ la nuit, les commentaires resteront les mêmes et les utilisateurs qui tomberont sur votre annonce à 50€ la nuit les verront. Ils ne se diront pas "peut-être que ces clients ont payé moins cher que moi". Ils verront que vous proposez un bien pour un "excellent rapport qualité prix" par exemple, et se laisseront tentés par votre logement pour leurs vacances.

C'est tout simple, mais ça marche. Et c'est pour ça que j'ai fait l'effort au début de mon activité sur Airbnb de mettre des tarifs hyper attractifs, afin d'obtenir d'excellents commentaires me permettant d'attirer ensuite une clientèle sur des prix plus élevés.

Dans les lignes qui suivent, je vais vous expliquer ma méthode complète pour maximiser vos revenus grâce à Airbnb et à sa flexibilité sur les tarifs. Vous allez voir, c'est basé surtout sur du bon sens et de la logique, mais la majorité des loueurs sur Airbnb se contentent de poser leur tarif et de ne plus y toucher une fois leur annonce en ligne. En étant malin, en faisant fréquemment évoluer vos tarifs comme le font les professionnels de l'hôtellerie, vous allez booster vos réservations et surtout maximiser votre chiffre d'affaires.

Voici ma méthode "tarifs" pour Airbnb, qui d'ailleurs fonctionne à l'identique pour les sites concurrents :

1. Fixez le prix le plus bas possible...

... Afin d'attirer un maximum de clients rapidement et obtenir vos premiers commentaires.

Je viens d'expliquer pourquoi, je ne vais pas recommencer. Le tarif le plus bas possible, ça veut dire alignez-vous sur ce que votre concurrence propose. Si vous mettez en location une maison familiale avec 3 chambres, ne vous abaissez pas aux tarifs d'un studio de 12m². Vous ne jouez pas dans la même cour, et ce studio ne vous fera jamais de concurrence. Trouvez des logements présentant des caractéristiques similaires au votre en terme de superficie, de capacité d'accueil et dans une certaine mesure de localisation, et mettez un prix légèrement inférieur à la nuitée. C'est tout.

2. Bichonnez-les, accueillez-les comme des rois

Je dédie les chapitres qui suivent à l'accueil de vos locataires, et à la manière dont vous devez les bichonner pour qu'ils passent un séjour au top. Je vous invite à poursuivre votre lecture et vous aurez toutes les informations nécessaires à ce second point. Je vous donne juste une petite astuce qui vous permet de faire une excellente impression dès leur arrivée : offrez-leur un petit quelque chose. Offrez-leur l'apéro si vous êtes dans le tourisme estival et que vous avez une belle table de jardin où leur proposer de boire un coup. Sinon, faites encore plus simple, comme je fais : mettez des chocolats dans une coupelle à leur intention sur la table principale. Personnellement, je rajoute aussi des canettes de soda dans le frigo. Lorsque vous leur ferez visiter les lieux lors de l'accueil, mentionnez-le. Effet garanti !

Je précise que l'important ce n'est pas la somme que vous allez dépenser pour ce petit geste -certes, cela vous coûtera quelques euros- mais vos clients garderont en mémoire que vous leur avez offert l'apéro à leur arrivée, et ils sauront s'en rappeler au moment de partir. Si cela vous gêne de dépenser 2/3 euros pour des canettes fraîches et un paquet de Chokobon, dites-vous que vous investissez dans votre business en augmentant vos chances d'avoir des clients satisfaits, prêts à vous laisser un bon commentaire, à vous recommander auprès de leurs amis, voire carrément à revenir chez vous une fois suivante.

Croyez-moi, ces 2/3 euros (maxi !) seront bien dépensés !

3. Demandez-leur de laisser un commentaire sur le site s'ils ont apprécié votre accueil

Lors de la sortie des lieux, si vous êtes là pour leur départ (ce que je vous recommande fortement pour vos premiers locataires, après vous pouvez trouver un système pour automatiser les départs, j'en reparlerai), votre objectif est simple : leur faire passer un bon moment. Faire en sorte qu'ils sortent de votre logement avec un sourire jusqu'aux oreilles en se disant "il était top, ce propriétaire !".

Pour se faire, vous pouvez par exemple leur offrir un panier garni avec des produits locaux pour les remercier de leur séjour, ou quelque chose dans le genre. L'objectif, c'est qu'ils partent avec une super impression. Vous ne savez pas comment leur séjour s'est déroulé. Ils peuvent avoir eu des emmerdes, des mauvaises nouvelles, s'être fait arnaquer dans des restaurants, être tombé en panne de voiture, etc. Bref, vous ne savez pas dans quel état d'esprit sont vos locataires au moment de quitter votre logement. Et cet état d'esprit, s'il est mauvais, pourrait bien se répercuter sur votre note, même si vous avez proposé une excellente prestation. S'ils sont de mauvaise humeur, ils auront plutôt tendance à laisser un mauvais commentaire.

Donc prenez les devants, demandez-leur comment s'est passé leur séjour, où ils ont été, s'ils ont aimé la région, etc. Intéressez-vous à eux, offrez-leur un petit cadeau de départ, et s'ils ont un ressenti positif sur votre logement, demandez-leur de laisser un petit commentaire. Pour cela, jouez carte sur table : expliquez simplement que vous êtes en train de lancer votre activité et que vous apprécierez s'ils donnaient leur avis sur le site.

4. Augmentez votre prix jusqu'au point de rupture

A ce stade, vous croulez normalement sous les réservations. Logique : vous proposez un logement bien en-deçà du prix normalement demandé pour une telle prestation. Les clients se ruent donc sur votre offre. Si ce n'est pas le cas, c'est qu'il y a un problème quelque part : votre bien correspond-il à ce que les gens recherchent ? Y'a t-il suffisamment de demande dans votre région ? Votre annonce respecte-t-elle les règles et les critères que j'évoque plus haut ? Revoyez les points précédents, et revenez ici ensuite.

Je disais donc, normalement, à ce stade, avec une offre de qualité à un prix en dessous de la norme, vous devez recevoir énormément de réservations. Les gens veulent profiter de la bonne affaire que vous leur offrez.

Maintenant que vous avez au moins une demi-douzaine de commentaires positifs, vous pouvez remonter vos prix jusqu'à ce que vous estimez être normal pour votre prestation. Regardez si les réservations continuent d'arriver, et déterminez le point de rupture. C'est-à-dire le prix plafond à partir duquel les demandes pour votre logement s'effondrent massivement. Ne vous inquiétez pas si en passant dans la gamme "moyenne" des prix, vous baissez déjà. Quand vous étiez parmi les premiers prix, vous attiriez tout le monde. Là vous avez déjà écrémé une partie des visiteurs d'Airbnb. Maintenant, le tout est de trouver l'équilibre : avoir un calendrier aussi rempli que possible, avec un tarif aussi élevé que possible, tout en restant un bon rapport qualité prix pour les gens.

Montez donc vos prix d'abord de 20%, puis de 50% et regardez si vous continuez de recevoir des réservations. Parfois, il vaut mieux avoir un peu moins de gens dans votre logement, mais les faire payer un peu plus cher, pour au final obtenir un chiffre d'affaires équivalent à ce que vous obtiendrez avec un prix à la nuitée moins élevé mais avec un meilleur taux de remplissage. Dans le premier cas, vous margez davantage car vous avez moins de turnover, donc moins de dépenses en ménage, change de draps, trajets, etc.

A vous maintenant de tester ce que l'on appelle en marketing l'élasticité de votre tarif. C'est-à-dire, montez votre prix jusqu'au point de rupture et faites le test sur un mois complet afin de pouvoir comparer d'un mois sur l'autre (l'idéal étant carrément de pouvoir comparer le même mois d'une année sur l'autre). Soyez le plus précis possible quand vous noterez les résultats de vos tests. Et n'oubliez pas que nous sommes dans une perspective financière : parfois il vaut mieux proposer une prestation haut de gamme, mettre un tarif élevé, avoir peu de réservations, mais faire un gros chiffre d'affaires et une marge net intéressante, plutôt que vouloir obtenir le plus de réservations possible au détriment de votre résultat net.

5. Faites évoluer vos tarifs suivant les événements

Enfin, rappelez-vous que l'offre en hôtellerie dans votre ville ou dans votre région n'est pas illimitée. Comme tout marché, la location saisonnière est avant tout une histoire d'offre et de demande. Si, généralement, la demande est inférieure à l'offre et le taux de remplissage des établissements d'hôtellerie n'atteint pas les 100%, c'est-à-dire qu'il y a suffisamment de possibilités d'hébergement pour les touristes dans votre ville, il arrive des situations, des périodes, où cela s'inverse et où la demande devient supérieure à l'offre. En clair, il y a des touristes qui n'arrivent pas à trouver où se loger.

Vous devez exploiter ces périodes là pour maximiser vos revenus. Comment ? C'est simple, en augmentant drastiquement vos tarifs.

L'exemple qui me vient en tête, c'est lors de la fête des lumières de Lyon. En temps normal, il y a toujours de la place à Lyon pour les visiteurs. Que ce soit dans le système hôtelier classique ou bien sur

Airbnb. Pourtant, lors de cet événement désormais connu aux quatre coins de la planète, les hôtels sont pleins, les Airbnb sont pris d'assaut, et tous les touristes qui s'y prennent au dernier moment pour réserver leur location sont relégués à plusieurs dizaines de kilomètres hors de la ville, faute d'hébergements pour les accueillir. On est donc dans une situation totalement conforme à ce que je décrivais plus haut : la demande est, ponctuellement, bien supérieure à l'offre. Donc, mécanisme automatique : les prix s'envolent.

Vous n'êtes probablement pas à Lyon et donc vous n'avez pas la fête des lumières. Qu'importe : dans toutes les villes, toutes les régions, il y a des périodes comme celles-ci. A vous de les dénicher et d'en profiter.

Allez voir sur le site de votre mairie, renseignez-vous sur les grands événements sportifs et culturels à venir. Faites-vous un calendrier à l'année de tous les moments où il y aura un afflux massif de visiteurs dans votre ville, et augmentez vos tarifs en conséquence dans votre calendrier Airbnb. Je vous invite vraiment à le faire en avance parce que pour ce genre d'événements, les gens réservent plusieurs mois en amont. Voire carrément d'une année sur l'autre.

Je l'ai appris à mes dépends lors de mes débuts sur Airbnb. Ma ville sera village-départ d'une grande étape du prochain Tour de France, au début du mois de juillet. Je le savais, mais, en bon débutant, je me disais que j'adapterai mon tarif le moment venu. Résultat, à peine avais-je mis mon annonce en ligne, au tarif ordinaire de 59€ par nuit, que j'ai reçu une réservation de touristes américains venus dans la région pour assister à l'étape. Je peux vous dire que je m'en suis voulu ! Si j'avais pris le temps de planifier mes tarifs à l'avance sur tous les événements comme celui-ci, tous les gros rassemblements sportifs et culturels à venir, j'aurais probablement pu louer mon appartement le double ou le triple de son prix sur les nuits concernées, et j'aurais trouvé preneur, fut-ce en dernière minute.

Ce que je vous invite donc à faire dès maintenant, c'est de lister tous les événements sportifs, culturels, politiques, ainsi que toutes les foires, salons, et manifestations pouvant drainer du monde. De les répertorier sur un calendrier, et d'augmenter vos tarifs dès maintenant. Je vous assure que dans certains cas, les gens réservent d'une année sur l'autre. C'est le cas pour un festival de musique où je me rends pratiquement chaque année : le Hellfest, dans la petite bourgade de Clisson, à côté de Nantes. Les dates de l'édition suivante sont annoncées lors du festival, et aussitôt les chambres d'hôtes, hôtels, Airbnb et autres campings sont pris d'assaut. Je me répète mais c'est important car vous pouvez littéralement faire exploser votre chiffre d'affaires en étant simplement attentif aux dates des grosses manifestations culturelles et sportives de votre ville, et en ajustant vos tarifs en fonction.

La plupart des apprentis-hébergeurs sur Airbnb ne le font pas. Ils se contentent d'afficher un tarif à l'année sans se préoccuper de quoi que ce soit. Différenciez-vous d'eux, et au bout du compte votre chiffre d'affaires explosera tandis que le leur restera tristement identique.

6. Jonglez avec le calendrier pour maximiser vos revenus

On vient de voir comment jongler avec les tarifs en fonction des événements, afin de maximiser vos revenus locatifs. Désormais, on va voir son pendant naturel : jongler avec le calendrier.

Je parlais dans un chapitre précédent d'une petite option toute simple mais hyper utile : le nombre de nuits minimum pour réserver.

Ce que je vous recommande, vous vous en souvenez, c'est de commencer par remplir votre calendrier avec des réservations à 3 nuits minimum, puis de combler les trous avec 2 nuits puis une seule nuit. Je ne vais pas réexpliquer le pourquoi du comment, vous vous en souvenez certainement (si vous voulez les détails, remontez quelques pages jusqu'au chapitre consacré aux options à activer dans votre annonce). Ce que je vous invite à faire, c'est d'aller encore plus loin en jouant également sur les tarifs de ces nuitées.

Laissez les clients réserver par blocs de 3 nuits aux tarifs prédéfinis (donc soit au tarif classique, soit au tarif "événement" comme on l'a vu dans le point précédent). Puis descendez à 2 nuits en augmentant légèrement le prix à la nuitée afin d'obtenir le même rendement que lorsque vous obtenez une réservation sur 3 nuits. Enfin sur les nuits isolées, il y a deux options : soit vous ne voulez pas vous emmerder à préparer votre logement et héberger des gens qui s'en iront dès le lendemain matin (avec l'obligation pour vous de recommencer le ménage et la préparation) et dans ce cas là je vous invite à augmenter sensiblement vos tarifs afin que le prix perçu en cas de réservation compense le désagrément du "double-ménage". Soit, si la préparation de votre logement est rapide et que cela ne vous embête pas de vous en occuper, à baisser vos prix dans les dernières 48 heures, de manière à avoir un calendrier complet, donc aucune nuit vacante, et à maximiser vos revenus.

Pour la première option, si vous n'avez personne : pas de problème car cela ne vous fait pas bosser davantage. Si vous avez quelqu'un, banco : vous margez plus que d'habitude et vous maximisez votre rentabilité.

Pour la seconde option, laissez le tarif normal de la nuitée jusqu'à la dernière minute (vous verrez que malgré tout, les gens réservent souvent comme ça), et si vraiment vous n'avez rien 24 à 48 heures avant, dans ce cas, alignez votre tarif sur votre concurrent le moins cher, ou légèrement en dessous. Cela vous permettra, en plus de la réservation, d'obtenir un nouveau commentaire comme ceux que l'on cherchait à récupérer au début pour lancer votre activité : à savoir un excellent retour en ce qui concerne le rapport qualité prix. C'est toujours bon à prendre !

Vous savez tout sur la gestion du prix ! Mon dernier conseil à ce sujet là, c'est de ne pas vouloir systématiquement vous battre contre vos concurrents sur les tarifs. S'ils sont moins chers que vous, cela ne veut pas dire que vous devez obligatoirement vous aligner par le bas et réduire votre marge. Vous pouvez vous démarquer par le haut en proposant une prestation de meilleure qualité, en montant en gamme. Croyez-moi, de nombreuses personnes préfèrent payer un peu plus cher pour de la qualité. Il y a beaucoup de psychologie derrière le 'pricing'. En proposant quelque chose de cher, vous vous positionnez inconsciemment dans l'esprit des gens comme du haut de gamme. Et il y a une clientèle pour ça. Veillez juste à ne pas les décevoir une fois sur place, bien entendu, mais ça vous le savez déjà.

Voilà, maintenant que vous savez tout sur la gestion du calendrier et des tarifs, on va pouvoir passer à l'accueil des locataires.

Chapitre 5

Préparer et réussir l'accueil de vos premiers locataires

Voilà, c'est fait. Vous avez reçu votre première réservation, vous avez sauté de joie en découvrant qu'on pouvait gagner de l'argent facilement tout en rendant service à des voyageurs ou des touristes de passage. Maintenant les choses sérieuses commencent : préparer et réussir l'accueil de vos premiers locataires.

Une chose est sûre : vous allez forcément stresser. Vous allez vous demander si le logement va leur plaire, s'ils vont être satisfaits. S'ils vont se comporter respectueusement chez vous et ne pas transformer votre bien en taudis. Rassurez-vous, c'est normal : tous ceux qui se sont lancés dans la location saisonnière sont passés par cette phase là, moi le premier.

Voici mes recommandations pour préparer et réussir l'accueil de vos premiers locataires.

Comment gérer la communication avec votre hôte

La communication avec votre hôte est l'un des aspects les plus importants, en dehors de la qualité du logement proposé. Votre locataire veut vivre une bonne expérience, et cela commence dès la réservation : vous devez faire une bonne impression.

La première chose que je vous recommande de faire, c'est d'envoyer systématiquement un mail de remerciement / prise de contact lorsque vous recevez une réservation.

Quelque chose de tout simple, d'engageant, de sympathique, montrant votre disponibilité et votre prévenance. Pour ma part, voici ce que j'envoie, libre à vous de le copier ou de l'adapter à votre sauce :

"Bonjour @prenom,

Merci d'avoir choisi mon appartement pour votre séjour dans la région. Je suis à votre entière disposition si vous avez besoin de quoi que ce soit, ou si vous souhaitez des renseignements complémentaires en ce qui concerne votre séjour. Si cela vous intéresse, je peux vous recommander mes restaurants et cafés préférés dans la ville.

Afin de préparer au mieux votre arrivée, pourriez-vous m'indiquer l'heure (même approximative) à laquelle vous pensez arriver ?

Merci à vous :)

A très bientôt !".

Et basta. J'envoie ce mail systématiquement dès que je reçois une réservation. Cela me permet de créer un premier contact et surtout, grâce à leur réponse, de m'organiser ensuite logistiquement parlant pour le ménage et la remise des clés (particulièrement si je dois déléguer l'une ou l'autre de ces tâches).

Assurez-vous d'être réactif : répondez toujours aussi vite que possible afin de renforcer la bonne impression que vous êtes en train de faire.

D'ailleurs, vous constaterez que vous recevrez pratiquement à chaque fois les mêmes questions. Donc, vous enverrez souvent les mêmes réponses. Afin de gagner du temps et d'être encore plus rapide et réactif, je vous encourage fortement à vous créer un petit document sur votre ordinateur qui regroupera toutes les réponses les plus fréquentes que vous enverrez. Il vous suffira ensuite d'un simple copier-coller, éventuellement après une légère retouche pour vous adapter exactement à votre interlocuteur, et le tour est joué.

Vous allez gagner un temps précieux.

Vous pouvez même aller beaucoup plus loin en créant une séquence d'emails automatiques grâce à un service d'emailing comme Mailchimp ou Aweber. Lorsque vous recevez une réservation, vous inscrivez l'adresse mail de votre locataire dans une liste, et il recevra ensuite automatiquement les emails que vous aurez configurés.

Que votre système soit automatisé ou que vous envoyiez vos mails manuellement, vous pouvez par exemple procéder de cette manière :

=> Jour de la réservation : mail de remerciement + demande de précision sur l'heure d'arrivée (ce mail peut partir automatiquement depuis votre compte Airbnb, il suffit d'activer l'option). J'ai déjà expliqué l'importance de ce mail, je ne reviens pas dessus.

=> J-2 avant le début du séjour : mail donnant les indications pour se rendre chez vous facilement.

Pourquoi un tel mail ? Sachez que l'un des trucs les plus galères lorsque l'on utilise Airbnb en tant que locataire, c'est le fait de trouver géographiquement le logement que l'on a réservé. Certes, aujourd'hui il y a les GPS sur les smartphones, ainsi que les taxis à qui on donne simplement une adresse pour s'y faire déposer sans prise de tête. Sauf que la plupart de vos voyageurs ne prendront pas le taxi : Airbnb étant souvent un moyen pour eux de faire des économies, ils ne vont pas s'amuser à tout redépenser en taxi entre temps. Et en ce qui concerne le GPS, d'une part tout le monde n'a pas de smartphone, ensuite, ceux qui en ont ne savent pas forcément s'en servir (ma propre mère ne comprend toujours pas comment envoyer un SMS, alors le GPS...). Et enfin, parfois, vous aurez des touristes étrangers qui ne pourront pas se connecter à la 4G à cause de leur opérateur de téléphonie.

Bref, tout ça pour vous dire que vous devez absolument donner un maximum d'indications à vos hôtes pour qu'ils trouvent facilement votre logement. La bonne impression commence maintenant : s'ils doivent tourner en rond pendant des heures pour réussir à vous trouver, ils risquent de vous mettre une mauvaise note sur la "précision" de votre annonce, ainsi que sur la "communication" (ce sont les critères de notation sur Airbnb côté voyageur, je vous reparle de ça plus loin dans cet ouvrage).

=> J+1 après le début du séjour : mail pour prendre des nouvelles et donner des conseils sur la région, du genre : "Bonjour, j'espère que tout se passe bien de votre côté. Si vous avez besoin de quoi que ce soit avec l'appartement, n'hésitez pas à me contacter ! Par ailleurs, voici quelques recommandations de lieux à voir / restaurants à tester... ".

Ce mail est important car il montre que vous êtes là, que vous ne les avez pas lâchés dans la nature. Souvent, les locataires n'y répondront pas : ils sont pris dans leur découverte de la ville, sont en vacances et n'ont pas envie de passer du temps dans les mails. Cependant ils apprécieront le geste et vous le feront savoir lors de leur départ ou dans les commentaires. Je vous invite vraiment à prendre le temps de rédiger un modèle d'email dans lequel vous donnez vos meilleures recommandations sur la ville ou la région, et leur envoyer personnellement. Vous allez marquer des points !

Enfin, suivant le rythme qui correspond à votre personnalité, et suivant votre envie ou non d'avoir un échange suivi avec vos locataires, vous pouvez même aller encore plus loin, en leur écrivant la veille du départ. Par exemple pour leur demander si leur séjour s'est bien passé, et fixer l'heure de l'état des lieux de sortie si vous le faites vous-même.

Vous pouvez également écrire par exemple à J+2 après leur départ afin de les remercier encore pour avoir pris soin de votre appartement, leur dire qu'ils seront toujours les bienvenus chez vous, et les inviter à laisser un commentaire sur Airbnb. Encore une fois, tout le monde ne répondra pas, mais vous pouvez être certain que le geste sera apprécié. Et, avantage non négligeable, cette gentillesse les incitera à laisser un bon commentaire même s'ils ont été déçus par un aspect de votre logement.

C'est simple : en étant aux petits soins avant, pendant et après le séjour de vos locataires, vous les mettez à l'aise, vous leur facilitez la tâche, et vous les aidez à passer un agréable séjour. Cela se ressentira dans les commentaires que vous recevrez. Garanti !

Alors, en lisant tout ceci, vous vous dites certainement : "mais je ne risque pas d'être lourd, à envoyer tout ça ?"

Si vous restez discret, si vous ne leur écrivez pas tous les jours, vous ne serez pas lourd. De même, si vos messages ont un vrai sens, un vrai but (par exemple transmettre une information importante, comme les indications pour se rendre chez vous, ou les recommandations de lieux), alors ils ne seront jamais perçus comme lourds. Vous passerez pour un lourd si vous envoyez constamment des "Tout se passe bien ?". Là, ce n'est pas le cas. Faites-moi confiance, suivez le rythme et la tonalité des mails que je vous ai donnés en exemple dans les pages précédentes, et tout ira parfaitement bien.

Et dites-vous qu'avec l'expérience, vous arriverez de toute manière à voir quels sont les locataires qui ont besoin d'être aiguillés (c'est-à-dire ceux qui auront besoin de votre présence et de vos conseils) et quels sont ceux qui, au contraire, préféreront que vous leur laissiez de l'espace. Vous doserez ensuite vos mails et votre présence en fonction de ce ressenti. Pour ma part, je sais qu'en tant que locataire j'aime bien que l'on me recommande quelques endroits sympas lors de la rencontre avec le propriétaire, mais ensuite, une fois dans les murs, je préfère que l'on me laisse tranquille même si j'apprécie volontiers un message au cours du séjour pour s'assurer que tout va bien. En clair, soyez discret tout en montrant que vous êtes à leur disposition.

Enfin, dernier conseil pour vous faire gagner du temps et vous faciliter la tâche par la suite, lorsque vous voyez la même question revenir systématiquement de la part de vos locataires, au lieu de vous contenter d'écrire une réponse type et de la copier-coller par mail, vous pouvez carrément rajouter les éléments de votre réponse dans votre annonce. Cela vous évitera ainsi de recevoir des mails supplémentaires et allégera votre charge de travail. Si vous avez un seul logement en location, vous n'aurez pas tant de mails que ça à gérer, mais si jamais vous décidiez de faire du volume, cette petite astuce pourrait grandement vous faciliter la vie.

Voilà pour ce qui concerne les échanges par mail ou téléphone avant, pendant et après leur séjour.

On va pouvoir passer à l'accueil physique, le jour J.

Jour J : comment et avec quoi accueillir vos locataires

Je me rappelle de l'arrivée de mes premiers locataires comme si c'était hier. Je me rappelle de leurs prénoms, de leurs visages, et même de la marque de leur voiture. Accueillir ses premiers locataires, c'est un grand moment, c'est le jour où on mesure réellement l'aboutissement de tout un projet. Où on se dit que tout ce que l'on a fait avait un sens, que ça valait le coup de se battre. On met aussi, pour la première fois, un visage sur le mot "clients", et on se rend compte, après tout, que ce sont des gens normaux et que tout va bien se passer. Dans les minutes qui précèdent leur arrivée, la pression monte terriblement. Heureusement, elle redescend aussi vite quand on se serre la main et qu'on échange quelques mots sympas.

Alors comment réussir l'accueil de vos locataires ? Réponse ci-dessous !

1. Arrivez en avance :

Normalement, vous avez déterminé au préalable une heure d'arrivée de vos locataires. Comme ils viennent de loin, cette heure d'arrivée peut être aléatoire, parfois ils auront du retard (souvent), mais parfois ils seront en avance. Je vous conseille donc de ne pas miser sur leur retard et de toujours faire en sorte d'être sur place quand ils arrivent. Donc je vous recommande vraiment d'arriver en avance, une demi-heure environ étant suffisant la plupart du temps (si vos locataires arrivent plus d'une demi-heure en avance, ils comprendront si vous les faîtes patienter ensuite car vous n'étiez pas sur place... en revanche ils le comprendraient moins s'ils arrivaient seulement 10 minutes en avance).

Une fois sur place, vous allez donc commencer ce qui sera votre activité principale désormais avec Airbnb : l'attente. Je n'ai pas osé calculer le temps cumulé que j'ai passé à attendre mes locataires depuis que j'ai mon activité de location saisonnière, mais j'ai facilement dépassé la centaine d'heures.

Ce que je vous recommande de faire pour éviter d'attendre bêtement et de sentir le stress monter, c'est tout simplement de repasser un coup de ménage. Faites les poussières ou les vitres, nettoyez à nouveau le réfrigérateur ou la cabine de douche, comme vous voulez, mais occupez vous. Le temps passera plus vite, vous serez certain que tout est nickel à 100%, et surtout vous éviterez de trop cogiter lorsque l'heure d'arrivée de votre locataire approchera. L'activité physique est un excellent déstressant, alors faites du ménage en attendant vos locataires. Surtout au début. Quand vous serez rodé, vous pourrez vous contenter d'emmener un bon bouquin pour passer le temps.

2. Restez souriant même quand c'est la grosse galère

Parfois, vos locataires arriveront avec du retard et vous serez obligé d'annuler des trucs de votre vie personnelle. Parfois, ils auront tellement d'avance que vous aurez une montée de stress terrible car le logement ne sera pas prêt et vous devrez les faire patienter en bas de chez vous le temps de terminer la préparation en speed. Parfois, les choses ne tourneront pas comme vous le voudriez : vous passerez une journée de merde au boulot, vous vous serez engueulé avec un proche juste avant, votre équipe de foot préférée aura perdu son match, ... Bref, vous serez de mauvaise humeur. Pourtant, vous n'avez absolument pas le droit de laisser cette mauvaise humeur se ressentir lors de l'accueil de vos locataires. Ils sont là pour se détendre, pour visiter votre ville, pour passer un bon moment. Ils ont sacrifié des semaines dans leur travail pour se payer quelques jours chez vous. Vous n'avez pas le droit de leur gâcher ce moment en laissant transparaître la moindre mauvaise humeur, le moindre agacement. Le client est roi, dit-on. C'est totalement vrai.

Quand vos locataires sonneront chez vous, prenez une grande respiration, armez-vous de votre plus beau sourire, et quand vous ouvrez la porte, accueillez-les avec un enthousiasme non feint. Montrez que vous êtes content qu'ils soient là (même si la seule raison de ce contentement sera le virement envoyé par Airbnb sur votre compte bancaire). Demandez-leur s'ils ont fait bon voyage, si la route a été correcte. Renseignez-vous sur ce qu'ils comptent faire et donnez-leur quelques tuyaux sur le ton de la confidence. Parlez-leur de ce que vous aimez dans votre ville ou région, et recommandez-le leur.

La plupart du temps, vos clients donneront le change. Ils seront souriants, sympathiques, agréables, et tout se passera bien. Parfois en revanche, vous tomberez sur des gens qui font la gueule ou qui n'auront envie que d'une chose : que vous déguerpissiez. Quand vous tombez sur ce genre de personnes non réceptives à votre attitude amicale, ce n'est pas grave : gardez le sourire, souhaitez-leur un bon séjour, dites-leur que vous restez à leur disposition si besoin, et éclipsez-vous. La bonne nouvelle, c'est qu'ils ne vous tiendront pas la jambe pendant une heure à discuter de la pluie et du beau temps (ça m'est déjà arrivé...).

3. Mettez des cartes de la ville, des infos touristiques à leur disposition

Les gens qui viendront chez vous ne seront, pour la plupart, pas familiers du tout avec votre ville ou votre région. A part quelques exceptions qui viendront régulièrement pour le travail ou pour visiter un proche, la plupart de vos clients viendront pour découvrir votre ville. Ils seront donc très heureux d'avoir un maximum d'informations touristiques dès leur arrivée chez vous. Je vous recommande donc de mettre à leur disposition gratuitement des cartes de la ville et toutes les informations touristiques que vous jugerez utiles. Pour cela, allez simplement à l'office de tourisme et expliquez-leur que vous hébergez des touristes. Ils vous fourniront le nécessaire.

Si vous connaissez pas ou mal la ville où vous proposez votre bien en location, alors renseignez-vous un minimum, afin de pouvoir informer vos locataires au moins dans les grandes lignes. Ayez toujours en tête un bon restaurant à leur recommander, et les 2-3 attractions touristiques majeures. De même, connaissez le quartier où vous les hébergez, afin de leur indiquer les commerces les plus proches. Ils apprécieront.

Comment réagir si vos locataires rencontrent des problèmes

J'ai déjà expliqué dans une partie précédente consacrée à la communication avec vos locataires comment se comporter avec eux au cours de leur séjour. En règle générale, dans l'immense majorité des cas, il vous suffira d'appliquer ce que j'ai écrit pour que tout se passe bien : un simple suivi discret, à intervalle régulier, afin de s'assurer qu'ils ne manquent de rien. 9 fois sur 10, tout se passera bien.

Mais, la dixième fois, vous aurez des problèmes. Exemple tout chaud : il y a moins d'un mois, j'ai une locataire qui s'est retrouvée avec de l'eau qui coulait en continue sous la douche. Elle avait beau tourner les robinets dans tous les sens, rien à faire : l'eau coulait à flots. J'ai été obligé d'intervenir en vitesse, couper l'arrivée d'eau, appeler un ami bricoleur pour diagnostiquer le problème et m'aider à remplacer la pièce cassée.

Le locataire suivant, lui, s'est retrouvé sans eau chaude. Cette fois encore, j'ai dû intervenir en vitesse sur le ballon d'eau chaude.

Et là, troisième locataire consécutif qui se retrouve avec des ennuis : une panne d'internet. Cette fois, ce n'était pas de mon fait, c'est l'opérateur qui s'est retrouvé avec des énormes soucis sur leur réseau internet (apparemment un câble sectionné quelque part). Sauf que mes locataires, un couple d'américains travaillant sur internet, ne pouvaient pas le savoir. Et je me suis retrouvé à devoir répondre à leurs messages affolés toutes les cinq minutes, pour essayer de leur faire réinitialiser la box, tout en cherchant des infos auprès de l'opérateur sur une éventuelle date de réparation de la ligne.

Bref, j'ai écrit tout ceci non pas pour me plaindre, mais pour que vous compreniez un truc : vous aurez des soucis. Une activité de location saisonnière n'est pas un investissement complètement passif, contrairement à la location de longue durée (encore que, même avec un locataire dans les murs à l'année, vous êtes aussi appelé pour des problèmes de ballon d'eau chaude...).

Ce qui est intéressant de voir, c'est comment je m'en suis sorti à chaque fois. Car malgré ces soucis, tous mes locataires ont été satisfaits de leur séjour, m'ont remercié pour ma réactivité, et m'ont laissé d'excellents commentaires.

Quand vos locataires rencontrent des soucis avec votre logement, vous devez donc réagir :

1. Avec vitesse :

Plus vous réagissez vite, c'est-à-dire plus vous prenez en charge le problème rapidement, plus vous libérez vite l'esprit de votre locataire. Le soucis ne se retrouve plus entre ses mains mais entre les vôtres, et cela le libère d'un poids qui lui permet, si le soucis n'est pas trop gros, de pouvoir profiter pleinement de la suite de son séjour chez vous.

2. Avec savoir-faire :

Prendre en main le problème est une excellente chose. Le régler en est une autre. Si vous n'êtes pas bricoleur vous-même (c'est mon cas), alors vous allez devoir vous entourer de copains bricoleurs. Ou, en tout cas, d'une équipe de professionnels de confiance, qui pourra réagir vite en cas de soucis, et qui travaille correctement pour un prix honnête. L'idéal, là, c'est de se faire recommander quelqu'un, de trouver votre artisan via le bouche à oreille. Si vous prenez le premier venu dans l'annuaire ou sur internet, vous n'avez aucune garantie de ne pas tomber sur un semi-escroc qui vous torchera le truc en vous demandant une somme exorbitante. Donc c'est simple : soit vous devenez vous-même bricoleur (ça peut se faire mais ça prend du temps), soit vous en dénichez un compétent grâce à votre entourage.

3. Avec compassion :

Si vous ne pouvez rien faire, si le problème est hors de votre portée comme cela fut le cas pour moi avec la coupure internet de mon opérateur, il n'y a qu'une chose à faire : montrez votre présence, montrez que vous vous souciez, que vous comprenez les problèmes et que vous compatissez. Ne laissez jamais vos locataires seuls face à un problème. Vous devez les protéger, les bichonner, leur montrer que vous faites tout ce que vous pouvez.

Pourquoi ? Pour une raison toute simple : parfois, ces locataires seront agacés et vous le feront savoir. Parfois, ils seront à deux doigts de s'énerver sur vous (pas *contre* vous, mais *sur* vous, parce que vous êtes leur seul interlocuteur). En montrant votre compassion, en montrant que vous faites tout votre possible pour les aider, alors vous désamorcez leur éventuelle agressivité. Ils se sentent rassurés, protégés, ils sentent que vous prenez soin d'eux, et alors ils ne seront jamais malveillants à votre égard. Donc même si parfois vous vous prenez des remarques ou des piques (ça m'est arrivé pas plus tard qu'avec cette histoire d'internet coupé), respirez à fond, gardez votre calme et répondez avec la plus grande politesse et la plus grande bienveillance.

Gérer le départ de vos locataires

Voilà, le séjour de vos locataires touche à sa fin. Tout s'est bien déroulé, vous leur avez envoyé un ou deux messages pour vous assurer qu'ils ont apprécié votre logement, Airbnb vous a envoyé le versement (à ce sujet, je le glisse ici car je sais que vous vous posez la question : Airbnb vous envoie l'intégralité du paiement le lendemain de l'entrée dans les lieux de vos locataires). Reste une dernière chose : la sortie des lieux. Le "check-out" comme disent les anglophones.

Vous le savez certainement, les établissements hôteliers obligent leurs occupants à quitter les lieux avant une certaine heure, faute de quoi ceux-ci se trouvent facturés d'une nuit supplémentaire. Je vous incite très fortement à faire de même, c'est-à-dire à mettre une heure limite pour le check-out de vos locataires. Sinon certains risquent de traîner, et si vous avez des enchaînements sortie/entrée dans la même journée, un débordement dans le check-out risque d'entraîner du stress voire même du retard dans votre accueil des locataires suivants.

Je vous invite donc à demander à vos locataires de partir pour, par exemple, 11 heures maximum.

Comment faire ?

Le plus simple c'est de convenir d'une heure pour l'état des lieux de sortie. Ainsi, s'ils savent que vous venez récupérer les clés à 11 heures le jour du départ, ils feront en sorte d'être prêt à cette heure là (ou en tout cas, ils seront quasiment sur le départ). Une fois partis, vous n'aurez plus qu'à faire le ménage et préparer votre logement pour les locataires suivants, et basta.

De plus, retrouver vos clients pour l'état des lieux permet aussi d'entendre de leur bouche un retour immédiat et honnête sur votre appartement. Demandez-leur si tout s'est bien passé, s'ils ont des idées ou des suggestions d'amélioration. Notez toutes leurs remarques dans un coin de votre tête et si vous les jugez utiles ou nécessaires, faites les modifications qui vous sont suggérées. Ainsi, vos locataires suivants auront une expérience encore meilleure, et ainsi de suite, vous assurant de fait la satisfaction totale de vos clients et d'excellents commentaires sur Airbnb. Vous pouvez aussi en profiter pour leur offrir un petit cadeau pour les remercier de leur séjour : ils seront touchés de l'attention.

En communication interpersonnelle, on apprend que les deux moments où il faut faire bonne impression c'est lors de la rencontre, et lors de l'au-revoir. Cela marche aussi dans le business de la location saisonnière : soignez les arrivées, soignez les départs, et votre activité cartonnera !

Se passer de l'état des lieux de sortie : possible ou non ?

Le gros problème, c'est que faire l'état des lieux de sortie vous oblige, encore une fois, à prendre de votre temps libre pour venir vous occuper de votre logement. Surtout que, souvent, sachant que vous venez "inspecter" votre bien, les locataires auront tout nettoyé et rangé correctement. Donc vous vous déplacez pour rien ou presque, si ce n'est le retour client que j'ai expliqué précédemment, mais dont vous pourrez vous passer au bout de quatre-cinq fois.

A force d'écouter et de prendre en compte les remarques de vos clients, il arrivera un moment où vous ne pourrez plus améliorer grand chose dans votre logement. A partir de là, l'état des lieux de sortie devient vraiment superflu. Son seul intérêt désormais, c'est de mettre un coup de pression gentillet pour s'assurer que vos locataires partent le matin dans un délai raisonnable.

La bonne nouvelle, c'est qu'il est possible de concilier les deux : le coup de pression sur l'horaire de départ, tout en évitant de se déplacer.

Ce que je fais, c'est tout simple : je demande à mes locataires à quelle heure ils comptent partir le dernier matin. Ils me donnent une heure, même approximative. Je leur dis que je ne suis pas sûr d'être là à cette heure là, mais que ce n'est pas un problème : si je ne peux pas venir, ils n'ont qu'à laisser la clé dans la boîte aux lettres (que je leur montre en même temps, en précisant que j'ai un double des clés).

La veille de leur départ (ou le matin même, suivant l'heure), je leur envoie un SMS pour leur dire que je ne pourrais pas me libérer pour leur état des lieux de sortie. Je leur demande à nouveau de laisser les clés dans la boîte aux lettres en partant. J'ajoute que je viendrai récupérer les clés vers midi. Cela permet de conserver l'effet "pression" sur l'heure de départ, tout en leur donnant l'impression que je suis sympa car je leur laisse de la flexibilité et leur fais confiance sur la propreté de l'appartement.

Vous allez me dire : "oui mais si je ne suis pas là pour vérifier que l'appartement est en bon état, qui me dit qu'ils ne vont pas me rendre un truc dégueulasse, ou qu'ils ne vont pas me voler des affaires ?!".

La réponse est simple : de toute manière, ils sont dans votre logement. S'ils veulent vous voler quelque chose, il leur suffit de partir avant l'heure d'état des lieux que vous aviez fixé. A partir du moment où les gens sont dans vos murs, vous n'avez plus d'autres choix que de leur faire confiance. Lâchez prise à ce niveau là : ça se passera bien. 99,99% de la population est composée de gens honnêtes.

De plus, sur Airbnb, le système des commentaires permet de noter les logements ET les clients (contrairement à certains concurrents, comme Booking, où seul l'hôtelier reçoit un commentaire, ce qui donne parfois aux clients l'impression d'être les rois du pétrole et se permettent de se comporter comme des cons). Sur Airbnb, il vous suffit de regarder les commentaires mis par les précédents hôtes sur les profils de vos potentiels futurs locataires, et si vous voyez des remarques négatives, vous ne les acceptez pas. C'est aussi simple que ça. Vous pouvez aussi décider de ne pas accepter les clients n'ayant pas déjà été recommandés par des précédents hôtes, ou dont le profil n'a pas été vérifié et validé par les équipes d'Airbnb.

Bref, pour en revenir au sujet : non ce n'est pas gênant d'être absent pour l'état des lieux de sortie. Dans tous les cas, les gens vous rendront votre appartement en bon état. Parfois il sera nickel, parfois il sera un peu sale mais rien de bien méchant, et surtout vous ne vous ferez jamais rien voler. Au pire, un locataire cassera un verre sans vous le dire, ou embarquera un petit quelque chose par inadvertance, mais c'est extrêmement rare. Et personnellement, je préfère la liberté de venir récupérer les clés quand je le veux, quitte à devoir racheter un verre par-ci par-là, plutôt que la contrainte d'être constamment là pour la sortie des lieux des locataires, ce qui, de plus, n'empêcherait pas que je doive aller racheter un verre cassé de temps en temps.

Bref, pour l'état des lieux, je vous recommande de suivre ceci : pour les 5 premiers locataires faites-le systématiquement. Utilisez ces moments pour avoir un retour constructif sur votre prestation et ainsi améliorer votre logement. Ensuite, si vous n'en ressentez pas l'utilité, esquivez l'état des lieux de sortie en utilisant le stratagème que je vous ai indiqué.

Les commentaires : comment allez-vous être évalué ?

Aujourd'hui, en France, Airbnb est en pleine expansion. Dans les mois et les années à venir, sauf réglementation de l'état (ce qui viendra de plus en plus, à n'en pas douter), l'offre en location saisonnière va exploser. Demain, et même dès aujourd'hui dans certaines villes, ce qui fera la différence entre votre annonce et celle d'un concurrent direct (même type de bien pour la même gamme de prix sur une même zone géographique), ce sont les commentaires que vous recevrez. Un seul mauvais commentaire, surtout au début, peut complètement plomber votre activité.

Tous les experts en marketing le savent : les avis des clients comptent énormément dans le processus décisionnel d'un achat. Tous les sites de vente en ligne l'ont bien compris, comme Amazon par exemple, qui met un point d'honneur à valoriser et récompenser ses meilleurs commentateurs. Sur une thématique plus comparable, Blablacar fonctionne également sur ce principe : les commentaires permettent de rassurer les potentiels clients, et valider ou non le choix de réserver.

Au contraire de ses concurrents, Airbnb fonctionne sur le principe des commentaires réciproques. C'est-à-dire, si vous allez effectivement recevoir des commentaires de la part de vos locataires, vous allez pouvoir également leur en laisser. Cela permet de rassurer les futurs hôtes quant à la "qualité" de leurs clients (et permet le cas échéant de refuser de recevoir quelqu'un que l'on ne juge pas capable de respecter notre logement). Cette réciprocité permet également d'éviter les commentaires négatifs à l'emporte-pièce. Chacun se dit "si je laisse un mauvais commentaire, il va m'en laisser un aussi", ce qui favorise les commentaires positifs.

De plus, les commentaires des deux partis ne sont visibles que lorsque chacun a rédigé et publié le sien, ou au bout de la période allouée (14 jours au moment où j'écris ces lignes, mais cela variera probablement à l'avenir). Chacun a également un droit de réponse sous les commentaires qui lui sont laissés, afin, le cas échéant, de pouvoir répondre à un commentaire négatif.

De plus, le business d'Airbnb ne fonctionne que si leurs utilisateurs sont heureux de leurs séjours. Lorsqu'ils invitent les clients à laisser un commentaire sur leurs logements (ou les propriétaires sur leurs locataires), ils orientent légèrement les questions de manière à ce que chacun laisse une note positive à l'autre.

Bref, tout ceci fait que, normalement, si vous faites les choses dans les règles, en respectant les critères que j'ai déjà évoqués plus haut, vous devriez éviter les commentaires négatifs. Cependant, sur le volume de personnes que vous allez héberger, il est possible que vous en receviez un ou deux par-ci par-là. Pour plusieurs raisons que voici.

Les 4 points qui peuvent provoquer un mauvais commentaire :

1. Un logement sale

Dites-vous que la propreté est une notion subjective. Ce qui est propre pour vous ne l'est pas forcément pour un locataire hyper maniaque (et vous finirez par en trouver un). Assurez-vous que vos draps n'ont pas d'odeur particulière, que vos serviettes ne sont pas tâchées (évitez de les prendre en blanc, d'ailleurs, car leur durée de vie réduit de moitié...), que la douche et les toilettes sont immaculés.

Bref, soyez vraiment vigilant à ce niveau là, c'est primordial. Sinon les locataires ne manqueront pas de vous le faire savoir. Ma pire expérience ? Des cafards dans la cuisine, dans un appartement que je louais en Espagne. Beurk !

2. Une discourtoisie de votre part (ou un manquement dans la communication avec votre client)

Si vous accueillez le locataire en faisant la gueule, ou si vous le faites attendre des heures sans lui donner de nouvelles, cela peut lui donner envie de vous le faire remarquer dans un commentaire. De même si vous ne répondez pas à ses messages durant son séjour. Votre "service après vente" doit être impeccable, que cela soit avant, pendant, ou après le départ de vos locataires.

3. Un logement non conforme aux photos ou à la description

Faites attention à ne pas être trop dans l'exagération dans votre description.

Si vous promettez un loft de 50m² pour faire en réalité dormir vos locataires dans un grenier sombre de 18m², ou que vous trompez votre petit monde avec des photos absolument non représentatives (ou carrément prises sur internet), vous allez forcément recevoir des mauvais commentaires. Cela peut se jouer sur des petits détails : je l'ai appris à mes dépens une fois, en mentionnant un "lit" dans mon annonce alors qu'il s'agissait en réalité d'un BZ (très confortable pourtant), ce que n'a pas apprécié un de mes locataires. Heureusement, il s'est contenté de me le faire savoir en remarque privée, non visible sur le site.

4. Des vices cachés ou un appartement non fonctionnel

En Espagne, j'ai une fois loué un appartement dont la porte du balcon ne fermait pas complètement.

Les photos étaient pourtant chouettes, tout avait l'air neuf. Sur place, c'était tellement vieillot qu'un courant d'air glacial passait par cette porte et m'a obligé à dormir la première nuit enroulé dans plusieurs couches de vêtements. Heureusement, le propriétaire a mis à ma disposition un chauffage d'appoint pour le reste de mon séjour. Soyez vigilant à ne pas créer de déception chez vos locataires. Si votre appartement a un vrai défaut, mentionnez-le dans la description et ajustez votre tarif en conséquence. Il vaut mieux ça que d'avoir des commentaires négatifs.

Les questions exactes qu'Airbnb pose à vos locataires pour noter votre logement :

Tout commence par un email d'Airbnb qui demande simplement aux clients "avez-vous eu une bonne expérience chez votre hôte, Monsieur Machin ?" Suivent deux pouces, un vert levé vers le haut, un rouge tourné vers le bas, symbolisant le oui et le non. Quand on clique, on est renvoyé sur la page d'Airbnb permettant de laisser le commentaire. Voici ensuite le déroulé exact, au moment où j'écris ces lignes (c'est donc susceptible d'évoluer dans le temps, mais globalement le processus restera le même).

Première page : "décrivez votre expérience". Airbnb laisse une liberté dans la rédaction en demandant simplement au voyageur de décrire son expérience. C'est cette partie là qui sera affichée publiquement sous l'annonce du propriétaire.

Toujours sur la première page, dans la case en dessous, les clients peuvent laisser des remarques privées. Airbnb demande : "qu'avez-vous aimé dans le logement ?", puis dans une case suivante, "comment l'hôte peut-il faire mieux ?". Ces deux réponses ne sont pas visibles publiquement mais envoyées par email au propriétaire. C'est dans ces deux cases que, la plupart du temps, vous aurez les petites remarques négatives. Si vous soignez l'accueil, la plupart des gens n'oseront pas laisser publiquement un commentaire négatif, comme je l'ai expliqué plus tôt. Par contre, parfois ils vous feront savoir un léger mécontentement en ce qui concerne l'aspect matériel (par exemple literie peu confortable, manque de tel ou tel objet pour la cuisine, etc). Airbnb gère ça de manière intelligente en faisant en sorte que les remarques publiques soient positives.

Page 2. Expérience globale : 1 à 5 : Comment évaluerez-vous votre expérience globale dans ce logement ?

Là, il s'agit de la note globale que vos voyageurs vous laisseront. La plupart du temps, si tout se déroule normalement, vous obtiendrez 4 ou 5 étoiles. Toutes les questions suivantes sont notées de la même manière, avec un barème allant de 1 à 5. Je vous retranscris les questions au mot près.

> Précision : les photos et la description du logement étaient-elles fidèles à la réalité ?

> Propreté : la propreté du logement était-elle à la hauteur de vos attentes ?

> Arrivée : l'hôte a-t-il tout fait pour faciliter votre entrée dans les lieux ?

> Communication : l'hôte a-t-il été accessible et a-t-il répondu à vos questions avant et pendant votre séjour ?

> Adresse : comment trouvez-vous le quartier ? (sécurité, commodités, charme) ?

> Qualité - Prix : comment évaluerez-vous le rapport qualité prix de ce logement ?

Enfin la dernière question est : "Recommanderiez-vous cet hôte : oui / non ?".

Vous pouvez voir le détail des notes reçues dans votre interface administrateur. Cela vous permettra de connaître vos points forts et vos points faibles, et donc d'améliorer votre offre. Si jamais vous recevez un commentaire négatif ou une mauvaise note, pas de panique : dans les lignes qui suivent, je vous explique comment y réagir afin d'en tirer le meilleur parti.

Comment réagir face à un commentaire négatif :

Vous aurez beau prendre toutes les précautions du monde, être constamment aux petits soins de vos clients et donner le meilleur de vous-même pour faire de leur séjour une réussite, il est possible qu'un jour, un mauvais commentaire tombe. Et là, boum, catastrophe. Vous allez prendre un gros coup au moral, cela va vous agacer, vous énerver, et... vous risquez de vous enfoncer encore plus.

L'erreur à ne pas commettre, c'est de vouloir contredire la personne qui laisse le commentaire, de remettre la chose sur elle. En gros, de vouloir "gagner la guéguerre" en clouant le bec ou en ayant le dernier mot. Ne vous engagez pas dans un duel avec un locataire ayant laissé un commentaire négatif. Vous n'en sortirez jamais gagnant, car le message que vous enverrez, en substance, à ceux qui vous liront ensuite en ayant en tête de réserver chez vous, sera celui-ci : "je n'assume pas mes erreurs, je me défausse sur les autres, je ne me remets pas en question, je n'évolue pas et ne suis pas capable de prendre soin de mes locataires". Et ce, même si vous êtes dans votre bon droit, et que le commentaire laissé était injustifié.

Si en revanche, vous assumez votre erreur (supposée ou réelle), vous vous excusez auprès du locataire ayant laissé le commentaire, et si vous indiquez que vous avez pris toutes les dispositions pour que cela ne se reproduise jamais, vous rassurez ceux qui vous liront ensuite. Dans cette situation, le message que vous sous-communiquez est : "j'assume mes erreurs, je prends les choses en main, je fais évoluer les choses pour le bien-être de mes locataires".

Dans ce cas, vous sortez gagnant et vous ne compromettez pas vos chances de recevoir de nouvelles réservations.

Ce qu'il faut comprendre, c'est qu'une fois que vous avez reçu un commentaire négatif, le mal est fait. Le locataire est parti de chez vous, il a eu une mauvaise expérience (justifiée ou non), et il ne reviendra pas. Inutile d'essayer de le convaincre, de débattre ou d'argumenter avec lui. Ce que vous devez faire, c'est répondre en gardant en tête une seule chose : rassurer les potentiels locataires suivants sur le fait que ce mauvais commentaire est dû à une erreur ponctuelle (de votre part ou non) et surtout que le problème ne se reproduira jamais.

Par exemple, si un locataire se plaint que le ménage n'était pas fait à son arrivée, vous pouvez répondre qu'il y a eu un défaut dans la communication avec votre femme de ménage, et que, depuis, vous avez changé de prestataire de services pour éviter que cela ne se reproduise. Si quelqu'un se plaint car le chauffage est tombé en panne pendant son séjour, excusez-vous puis indiquez que vous avez fait venir une entreprise qui a rénové tout votre système de chauffage.

Bref, soyez rassurant. C'est le seul moyen de tirer parti d'un commentaire négatif. Et restez toujours poli et courtois, même si vous n'aurez pas toujours ce comportement face à vous. Vous devez gagner la guerre de l'image auprès des internautes, pas rentrer dans un duel d'ego avec votre ex-locataire.

Voici la structure de commentaire-réponse que vous pouvez utiliser :

"Bonjour Machin,

Je suis sincèrement désolé que vous n'ayez pas apprécié X ou Y.
J'ai pris *telle ou telle disposition* auprès de *telle ou telle personne* afin de m'assurer que ce problème ne se reproduise plus.

Avec toutes mes excuses,

Cordialement,

Signature".

Même si parfois, les commentaires négatifs seront laissés de manière blessante, au lieu de vous sentir attaqué, essayez autant que possible d'y voir une façon d'améliorer votre logement et l'offre que vous proposez aux locataires. Sur un plan purement économique, c'est en écoutant les "retours clients" les plus négatifs que l'on arrive à corriger son produit et à se démarquer de la concurrence de son marché. Appliquez ça à votre logement et vous allez cartonner !

98

Chapitre 6

Logistique : Comment gérer le ménage, la remise des clés, et autres tâches désagréables

Vous avez désormais une activité immobilière qui tourne : vous recevez régulièrement des réservations, vos clients sont contents du service que vous leur proposez, et vous avez sensiblement amélioré vos revenus. Tout est pour le mieux dans le meilleur des mondes. Pourtant, vous allez vite voir qu'après avoir accueilli une demi-douzaine de locataires, échangé quelques mots avec eux, conseillé quelques bons restaurants, certains aspects négatifs vont ressortir. Vous commencerez alors à prendre moins de plaisir dans votre activité. Et, je ne sais pas pour vous, mais personnellement ma philosophie de vie c'est de m'éclater autant que possible dans mon quotidien, qu'il soit professionnel ou personnel.

Mes premiers signes de lassitude sont arrivés après avoir accueilli un groupe de jeunes hommes venus faire la fête dans ma ville. Sur Airbnb, j'ai indiqué que mon appartement pouvait accueillir deux personnes maximum, afin de privilégier les couples, qui sont souvent plus respectueux et sont là dans une logique de détente et non pour faire la fête. Le problème, c'est qu'ils ont effectivement réservé pour deux mais sont arrivés à trois. Je n'ai pas trop apprécié, mais c'était trop tard. Et forcément, ce qui devait arriver arriva : j'ai eu mes premiers problèmes.

Rien de bien méchant, mais suffisamment pour ressentir en moi des premiers signes d'agacement. Première chose, le sol était collant. Vraiment. J'imagine sans peine que de l'alcool a été renversé, nettoyé à la va-vite et hop, ni vu ni connu. Ensuite, des petits objets ont disparu, notamment mon câble HDMI qui me permettait de proposer un service de lecteur DVD à mes locataires. Ce n'est pas grand-chose, encore une fois, car le câble vaut une dizaine d'euros maximum, mais c'est le principe qui m'a agacé : je n'accueille pas des gens chez moi pour me faire voler des affaires.

Enfin, le dernier problème, probablement celui qui m'ennuie le plus, c'est l'attente. La même situation se présente à chaque fois : je demande à mes clients de m'indiquer une heure d'arrivée approximative, je prévois une demi-heure d'avance le temps de préparer les derniers détails de leur arrivée, puis j'attends. D'ailleurs, pour tout vous dire, j'écris ces lignes en attendant l'arrivée d'un locataire qui vient de me prévenir que son train allait avoir 20 minutes de retard. Pas grand-chose cette fois : il m'est arrivé d'attendre plus de deux heures un locataire. Pourtant, pas le choix, si le locataire était arrivé à l'heure, j'aurais eu l'air malin si j'avais décidé d'anticiper sur son retard...

Bref, au bout de quelques semaines, j'en ai eu marre. J'ai décidé de me lancer dans cette activité immobilière pour me dégager des revenus complémentaires et pouvoir en profiter. Pas pour me créer un emploi supplémentaire, et encore moins quelque chose de chronophage.

J'en ai parlé avec d'autres personnes ayant une activité sur Airbnb, et c'est récurrent : tout le monde fait face à ces problèmes. Je peux donc affirmer, sans pourtant être devin, que cela vous arrivera également. Et comme passer des heures à attendre vos locataires ou à nettoyer votre logement n'est pas ce qui vous excite le plus dans cette aventure, j'ai décidé de partager avec vous dans ce chapitre toutes les solutions pour vous faciliter la tâche. Pour vous éviter autant que possible tout ce qui est désagréable et pouvoir vous concentrer uniquement sur les aspects qui vous plaisent vraiment, tout en continuant d'encaisser un maximum de loyers.

Commençons donc par le ménage.

Faire le ménage : les options :

Le ménage doit être fait, et bien fait. Sinon vous aurez des mauvais commentaires. Je ne vais pas revenir dessus, j'en ai déjà parlé et vous avez très bien compris l'importance d'avoir des commentaires positifs pour maximiser vos réservations.

Dans les lignes qui suivent, je vous explique les différentes options pour gérer le ménage tout en maximisant votre rentabilité.

Faire soi-même : avantages et inconvénients

La première chose qui vient à l'esprit, et c'est très certainement l'étape par laquelle vous passerez lorsque vous commencerez votre activité, c'est de faire le ménage vous-même.

A la base, on ne voit que des avantages : c'est plutôt rapide, ça évite de payer quelqu'un pour le faire et de plomber sa rentabilité, et puis bon, ce n'est pas si gênant : l'appartement est relativement propre la plupart du temps.

Oui mais voilà, au bout d'un certain temps vous vous rendez compte que faire le ménage soi-même est chronophage, et surtout ça va finir par vous prendre la tête quand, certaines fois, vous aurez à récurer les toilettes, à déboucher la douche ou à nettoyer des tâches suspectes sur votre canapé.

Cette partie sera donc rapide : le gros avantage de faire le ménage soi-même, c'est uniquement pour l'aspect financier. Vous économisez une femme de ménage, donc probablement une vingtaine d'euros à chaque changement de locataire. Ce n'est pas rien, certes, mais vous le payez au prix de votre temps. Les deux heures que vous passez à chaque fois, l'aspirateur dans une main et l'éponge dans l'autre, ne seraient-elles pas mieux utilisées soit en vous détendant, soit en travaillant à augmenter votre rentabilité autrement (par exemple en développant des nouveaux services comme ceux du chapitre suivant) ?

Dans les lignes suivantes, je vous explique quand et comment déléguer le ménage afin de vous libérer du temps, d'avoir l'esprit tranquille et pouvoir vous consacrer à des activités autrement plus intéressantes.

Déléguer : dans quelles circonstances, auprès de qui, et pour quel tarif ?

Dans tous les cas, il y a deux paramètres à prendre en considération pour décider si vous allez ou non déléguer le ménage.

La première chose, c'est la surface du logement.

C'est évident : plus le bien que vous mettez à disposition de vos locataires est grand, plus cela vous prendra du temps de faire le ménage vous-même. Entre passer l'aspirateur dans une chambre de 15m² ou dans une villa de 90m², forcément, vous vous doutez que la charge de travail induite n'est pas la même. Plus votre logement est grand, plus je vous recommande de déléguer son nettoyage afin de vous éviter une perte de temps considérable.

La seconde, c'est le turnover des locataires.

Vous devez faire le ménage entre chaque locataire. Après chaque départ, ou avant chaque entrée dans les lieux, voire carrément lors de ces deux moments (pour peu qu'il y ait un certain temps entre l'un et l'autre).

C'est donc mathématique : si vous accueillez des locataires pour une nuit seulement, vous devrez faire le ménage... tous les jours !

Pour deux nuits : tous les deux jours, et pour des séjours d'une semaine, seulement 4 à 5 fois par mois.

L'équation est donc simple : plus les séjours sont courts, et plus votre logement est grand, plus vous devrez faire le ménage et plus celui-ci sera pénible.

En fonction de cela, à vous de trouver un rythme qui vous permette de faire le ménage vous-même sans que cela ne vous gêne trop : soit en augmentant la durée minimum de séjour pour vos locataires, soit en diminuant la surface que vous mettez en location.

Si vous ne voulez pas vous occuper du ménage, alors cette équation est encore plus importante car vous allez devoir déléguer cette tâche et ceci a un coût : plus vous faites fréquemment appel à une femme de ménage (ou à une entreprise spécialisée), plus vous diminuez votre rentabilité.

A vous, donc, de trouver le bon dosage entre les différents paramètres en fonction de vos objectifs en terme de liberté temporelle d'un côté, et de rentabilité financière de l'autre.

Maintenant que ceci est clair, on va pouvoir rentrer dans le vif du sujet en ce qui concerne le fait de déléguer le ménage.

Auprès de qui déléguer votre ménage ?

Vous avez deux options.

La première, celle qui sera probablement la plus appropriée dans la mesure où vous gérez votre activité de location saisonnière de manière "artisanale" (appelons ça comme ça par opposition aux grandes chaînes hôtelières, ou même par rapport aux investisseurs qui ont plusieurs biens en location), c'est tout simplement de contacter une femme de ménage en direct.

Repérez les annonces de proposition de services ménagers, sur LeBonCoin par exemple. Il y en aura des tonnes, contactez-en quelques-unes puis faites le tri selon une série de critères que j'évoquerai dans les lignes à venir. Définissez précisément ce que vous attendez d'elle, et employez-là comme vous le feriez pour quelqu'un qui viendrait faire le ménage chez vous. En ce qui concerne la rémunération, assurez-vous simplement que cette personne puisse vous facturer légalement, par exemple sous un statut auto-entrepreneur, ou via le système de chèque 'emploi-service', afin d'être certain de rester dans la légalité.

La seconde option, c'est de faire appel à une entreprise spécialisée. Cela vous coûtera plus cher, mais l'avantage c'est que les choses seront carrées. L'inconvénient, c'est le possible manque de flexibilité de ces entreprises, qui ont l'habitude d'envoyer leurs employées aux mêmes endroits et aux mêmes heures selon un calendrier bien défini. Hors, votre situation fait que, par défaut, vous ne pouvez pas envoyer systématiquement une femme de ménage, par exemple, tous les lundis et jeudis matin de 9 à 10 heures. Cela ne fonctionnerait pas pour vous puisqu'il se peut très bien qu'à un moment vous ayez des locataires en place à ce moment là. A vous de discuter en direct avec l'entreprise et de négocier, par exemple, la mise en place d'un calendrier flexible que vous leur communiquez d'une semaine sur l'autre. Pour trouver une entreprise qui s'occupe des ménages, il vous suffit de vous renseigner sur les sociétés proposant des services d'aide à domicile. Il y en aura un paquet également, à vous de faire le tri suivant certains critères que j'évoque plus bas. En attendant, voici ce que je préconise comme montage en terme de rémunération.

Comment rémunérer ce service afin d'éviter de plomber votre rentabilité

Dans la plupart des métiers, on facture à l'heure. C'est le cas des femmes de ménage : dans 99% des cas, elles ont l'habitude de facturer leurs services suivant une tarification horaire. Pourtant, ce n'est pas ce que je vous préconise. Pour deux raisons.

La première, c'est qu'avec une rémunération à l'heure, vous n'avez aucun contrôle sur l'efficacité de votre employé. La personne peut arriver sur place, passer une heure à faire les poussières sur un seul meuble, et repartir. Le reste de l'appartement n'aura pas été fait.

La rémunération à l'heure incite à la flemmardise : théoriquement, il suffit d'être présent sur place pour être payé. C'est de la théorie, on est d'accord, car si vous aviez une femme de ménage qui n'en fout pas une, vous vous en sépareriez aussitôt. Mais c'est plus délicat quand la personne travaille juste "lentement".

La seconde, c'est que, si vous mettez en location un bien de petite surface (par exemple une chambre vide chez vous, ou un studio / 2 pièces en ville), il est possible de faire le ménage en moins d'une heure. Surtout si vous utilisez la méthode que je vous dévoile à la fin de ce chapitre.

Donc si vous rémunérez votre femme de ménage à l'heure, vous perdez de l'argent, car en étant efficace elle pourrait peut-être préparer l'appartement en 30 minutes. C'est ce dont j'ai besoin, personnellement, pour préparer mon logement de 40m². Et je ne suis pas un professionnel du nettoyage. Une femme de ménage expérimentée pourrait probablement le faire en 20 minutes. Donc en proposant un prix à l'heure, vous perdez théoriquement toutes les minutes qui n'auront pas été utilisées.

Je vous recommande donc de rémunérer votre femme de ménage à la prestation plutôt qu'à l'heure. En lui proposant par exemple 15€ pour changer les draps et passer un coup de propre dans l'appartement, vous l'incitez à travailler vite et bien. Elle voudra finir rapidement et ne pas avoir l'obligation de rester une heure complète si elle termine son travail plus tôt, et elle s'appliquera afin de conserver le contrat avec vous.

Les 4 critères à respecter pour déléguer correctement le ménage de votre bien :

Vous ne pouvez pas déléguer le ménage à n'importe qui, ni n'importe comment. Afin de réussir cette partie délicate au mieux, je vous invite à respecter les critères qui suivent.

1 : la proximité géographique avec votre bien

Il est primordial, pour des raisons évidentes, que l'employé ou le prestataire de service que vous choisirez soit à proximité de votre bien. Il doit pouvoir être réactif en fonction des arrivées et des départs (c'est encore plus vrai si vous lui confiez également la remise des clés et l'accueil des locataires).

Faites donc un premier tri géographique et éliminez de facto tous ceux qui se situent, à mon avis, dans un rayon supérieur à 15 minutes de trajet. Quelle que soit votre situation, en ville ou à la campagne, je suis persuadé que vous trouverez.

2 : la flexibilité des horaires et des jours de travail

La location saisonnière est imprévisible : parfois vous aurez des clients qui resteront 3 nuits, parfois ils s'installeront pour un mois complet. Vous ne pouvez donc pas fonctionner avec votre prestataire de service sur la base d'un calendrier hebdomadaire, bien qu'il soit habitué à cela. Vous devez donc vous assurer de sa flexibilité sur les horaires et sur les jours de travail, afin de ne pas vous faire planter si vous avez une entrée/sortie un dimanche par exemple.

Je vous recommande d'entretenir un contact régulier avec votre prestataire. Créez par exemple un calendrier partagé (c'est facile à faire avec Google) que vous tenez à jour avec les tranches-horaires où il doit se rendre sur place pour y effectuer des tâches bien précises (cf le critère numéro 4).

3 : la confiance

La personne ou l'entreprise que vous choisirez pour cette mission aura les clés de chez vous. Vous devez donc être totalement à l'aise avec ça, et être certain que vous vous sentez en confiance.

Déléguer est une des parties les plus difficiles pour un entrepreneur. Comme c'est lui qui a la vision d'ensemble, son projet étant son bébé, il est extrêmement compliqué et douloureux de s'en séparer, même pour des tâches qu'il ne souhaite pas faire. Si vous avez des entrepreneurs dans votre entourage, parlez-leur de ce sujet, vous verrez que c'est probablement l'un des points les plus délicats : trouver quelqu'un de confiance à qui déléguer une partie de son travail.

A ce sujet, le premier conseil que je vous recommande de suivre, c'est d'écouter votre instinct. De base, sachez écouter la petite voix au fond de votre tête ou dans votre cœur, qui vous dit si telle ou telle personne est bonne ou mauvaise. S'il y a des recruteurs ou des personnes travaillant dans les ressources humaines parmi mes lecteurs, je vais probablement recevoir des mails bien salés, me disant que le plus important c'est le CV, les compétences, et ainsi de suite. Certes, c'est vrai que tout ceci est important. Mais d'expérience, et là je parle en tant que chef d'entreprise (et vous devez considérer cette activité de location saisonnière comme une vraie petite entreprise), le plus important c'est d'avoir quelqu'un en qui vous avez confiance. Pour une raison simple : pouvoir dormir sur vos deux oreilles, en sachant que tout se passera bien.

Si vous doutez de votre employé ou de votre prestataire, vous allez passer de mauvaises nuits. Vous allez passer votre temps à vous ronger les sangs, à vous demander si tout se passe bien, et au final le temps que vous auriez dû vous libérer en déléguant la tâche désagréable sera compensé négativement par l'occupation totale de votre esprit.

Donc oui : vérifiez le CV, les compétences, et tout le tralala. Mais choisissez quelqu'un en qui vous avez confiance. Soit parce qu'il vous a été recommandé par une connaissance, soit parce que vous avez le feeling, mais vraiment, ne négligez surtout pas ce critère si vous ne voulez pas que votre activité vous retire le sommeil.

4 : un cahier des charges ultra-précis

Je sais : l'expression "cahier des charges" fait peur. Si ça peut vous rassurer, il s'agit juste d'une liste de tâches à lui donner à faire. Ou une méthode de travail, peu importe. Quelque chose pour guider votre femme de ménage dans ce qu'elle doit faire, et vous assurer qu'elle se concentre sur l'essentiel.

Si vous avez déjà travaillé chez Mac Donalds ou dans un fastfood du même genre, vous avez remarqué que ce genre d'entreprise est extrêmement procédurière. De la façon de préparer un cheeseburger à comment nettoyer les toilettes, tout est procéduré, tout est écrit noir sur blanc. De Paris à Rio, de Tokyo à San Francisco, tous les Mac Donalds du monde ont la même façon de préparer leurs burgers et de nettoyer leurs toilettes. Vous savez pourquoi ? Parce que le fait d'avoir une procédure ultra précise permet à la direction d'être certaine que tout se passera bien partout. Ils ont un concept qui fonctionne, et la seule manière de s'assurer que ce concept fonctionne partout, c'est qu'il soit recopié à l'identique.

Pourquoi je vous parle de Mac Donalds ? Parce que c'est pareil pour vous. Si vous voulez que votre projet fonctionne, vous devez procédurer chaque tâche que vous déléguez, et réduire ainsi le risque que les choses soient mal faites. Si vous dites simplement à votre femme de ménage : "faites le ménage dans l'appartement jeudi de 15 à 16 heures", elle va peut-être faire les vitres à chaque fois mais ne pas penser à changer les draps. Ou alors elle va se concentrer sur une partie de l'appartement mais ne pas avoir le temps de terminer le reste.

Soyez ultra précis. Détaillez vos procédures. Que la personne à qui vous déléguez n'ait pas l'occasion de réfléchir, juste à suivre la marche.

Voici personnellement comment je procède. C'est une procédure qui marche, il y en a d'autres, mais au moins vous pourrez débuter avec celle-ci, cela vous évitera de galérer.

1. Récupérer les clés dans la boîte aux lettres et rentrer dans l'appartement.
2. Faire le tour et m'assurer que rien ne manque, que rien n'est cassé.
3. S'il y a du manque ou de la casse, le noter dans la liste des objets à acheter/changer.
4. Enlever les draps et rassembler le linge de maison dans mon sac prévu pour le transport.
5. Nettoyer la douche.
6. Nettoyer les WC.
7. Passer la lingette nettoyante sur les meubles.
8. Passer l'aspirateur partout.
9. Sortir les poubelles.
10. Mettre les nouveaux sacs-poubelle.
11. Installer les nouveaux draps et déposer les serviettes propres.
12. Rajouter les bouteilles d'eau dans le frigo et sur la table.
13. Faire le tour afin de m'assurer que tout est bon.
14. Sortir.

Tout ceci me prend moins de 30 minutes.

J'ai cette petite liste constamment avec moi et je la suis à la lettre à chaque fois. Je l'ai aussi partagée avec la personne qui s'occupe de mon appartement quand je m'absente, et elle la suit formellement également.

Le fait d'avoir formalisé tout ça, c'est-à-dire d'avoir créé une méthode, me permet justement d'éviter les oublis, d'aller plus vite et d'être certain, d'une fois sur l'autre, que tout fonctionnera parfaitement. Cela me libère également l'esprit car je n'ai pas besoin de réfléchir à chaque fois à ce que je dois faire. Je rentre, je m'y mets, je ressors. Tout est bon.

D'ailleurs, pour tout vous dire, désormais je le fais machinalement sans même devoir me référer à la liste.

Je vous invite donc soit à la suivre (en l'adaptant bien sûr à votre propre logement), soit si vous déléguez votre ménage, à la transmettre à votre prestataire afin d'être sûr que rien ne sera oublié de sa part.

Ma méthode mixte pour ne pas (trop) m'encombrer du ménage tout en maximisant mes revenus

Je l'ai évoqué dans les pages précédentes de ce chapitre, voici comment je fais pour ne plus m'encombrer du ménage tout en maximisant mes revenus.

Ma méthode est simple : je demande aux locataires de faire leur ménage avant de partir. Pour se faire, je ne me contente pas de leur demander poliment (bien que je suis sûr que ça marcherait dans l'immense majorité des cas). J'utilise une méthode de persuasion toute simple basée sur les concessions mutuelles. Il y a probablement un terme psychologique précis pour décrire le fonctionnement que j'utilise, mais vous me pardonnerez, je ne le connais pas.

Ce que je fais est donc simple. Je leur dis juste : "vous m'avez l'air sympathique, je ne vais pas vous embêter en vous demandant une caution, je vous fais confiance. La seule chose que je vous demande en échange c'est de me rendre l'appartement tout propre". Mes clients ont alors l'impression que je leur fais une faveur.

D'ailleurs je l'indique également dans le petit manuel de bienvenue que je mets à leur disposition : "ici on ne demande ni caution ni frais de ménage, en échange soyez respectueux du mobilier et rendez l'appartement aussi propre que vous l'avez trouvé en arrivant". Croyez-moi, ça marche du tonnerre. A part mon histoire avec le groupe de mecs venu à trois alors qu'ils avaient réservé pour deux, je n'ai pas eu de problème en ce qui concerne la propreté. Bien sûr, il n'était pas toujours nickel chrome au point de pouvoir manger par terre, mais systématiquement l'aspirateur était passé et à deux trois détails près j'aurais pu le relouer tel quel. Il ne me restait plus qu'à repasser derrière et changer les draps et serviettes. Enfin, tous les mois, j'engage une femme de ménage pour faire les choses à fond, comme nettoyer les vitres, et tout ce qui n'a pas besoin d'être fait au quotidien.

En passant par une femme de ménage, le système est le même : en faisant réaliser le plus gros du boulot par vos locataires, vous réduisez la charge de travail de votre femme de ménage et donc vous diminuez son coût (elle reste donc très peu de temps sur place et vous pouvez ainsi mieux négocier le prix de sa prestation).

L'accueil et la remise des clés : les 4 options pour automatiser et/ou déléguer

Après le ménage, la deuxième chose la plus ennuyeuse c'est l'accueil. Enfin, pas pour tout le monde. Il y a certainement parmi vous des gens passionnés par l'accueil de voyageurs et qui seront ravis de s'occuper de cette partie. Dans ce cas, vous pouvez sauter quelques pages, on se retrouve plus loin. Cependant, moi aussi au début j'étais heureux de recevoir les gens. Je prenais le temps de parler avec eux, de leur filer des bons conseils, bref, j'étais aux petits soins. Et puis au bout d'un moment, je vous assure que j'en ai eu marre. D'ailleurs, si je me suis lancé dans cette activité de location saisonnière, ce n'est pas pour rencontrer du monde (fussent-ils mes clients) mais bel et bien pour augmenter mes revenus. J'ai donc commencé à chercher des solutions pour ne plus avoir à m'occuper d'accueillir mes locataires, et voici ce que j'ai trouvé. Ça devrait vous aider !

1. Installer une box avec les clés

J'ai eu cette idée lors de mon long voyage en Roumanie. J'étais étonné de voir que la personne qui allait m'accueillir habitait en Allemagne, et je me demandais quel système elle avait mis en place pour me permettre de récupérer les clés sans devoir faire des centaines de kilomètres en avion. La réponse fut simple : une bête boîte protégée par un code sur le mur de la maison. Elle m'a envoyé le code sur la messagerie d'Airbnb pendant nos premiers échanges, j'ai juste eu à arriver sur place, positionner les chiffres correctement (ce n'était pas simple car il faisait nuit et la rue n'était pas éclairée), et à récupérer les clés dans la boîte. Fastoche (oui, je parie que vous n'aviez pas lu ce mot depuis au moins 1999, héhé !).

Dans quel cas vous pouvez le faire ?

La condition quasi indispensable, c'est d'être propriétaire à 100% du mur sur lequel vous installez votre box. Sinon, il vous faudra l'aval de la copropriété, ce qui ne sera pas forcément facile et qui pourra prendre du temps à obtenir (ne serait-ce qu'à cause des dates des assemblées générales).

La deuxième condition que je recommande, c'est quand même de ne pas être dans une rue trop passante. L'idéal c'est de pouvoir installer ça dans un endroit relativement à l'écart de la vue et du passage, par exemple dans une cour intérieure d'immeuble, ou une petite impasse. Parce que malheureusement, il suffirait qu'une fois, une personne mal intentionnée remarque que les clés de votre logement sont systématiquement déposées dans une boîte aux lettres, et ensuite qui sait ce qui pourrait se passer. Ces petites boîtes ne sont pas hyper résistantes : il serait facile pour un malfrat de récupérer vos clés et venir vider votre logement.

En clair, n'installez pas ça n'importe où ni n'importe comment. Si vous êtes dans un village à la campagne, dans une petite ville, ou dans un coin relativement isolé permettant de ne pas être à la vue lors de l'actionnement de la boîte, et que vous êtes propriétaire du mur sur lequel vous l'installez (ou que vous avez l'accord du ou des propriétaires), alors vous pouvez y aller. Sinon, je vous recommande de vous tourner vers l'une des options suivantes.

Si cette option vous intéresse, vous pouvez commander cette boîte sur Amazon pour une vingtaine d'euros. Cherchez simplement "coffre à clés amazon" sur Google et vous trouverez différents types de boîtes pour différentes gammes de prix. A vous de voir celle qui vous correspond le mieux !

2. Trouver un voisin de confiance pour s'en occuper

Si vous n'êtes pas directement sur place aux heures d'arrivée de vos locataires, ce n'est pas grave : il y a probablement à côté de chez vous des voisins retraités ou présents en journée qui pourront vous dépanner, soit gracieusement (par exemple en leur offrant, en échange, la possibilité de loger gratuitement leurs propres invités qui viendraient leur rendre visite), soit contre une rétribution basée à la prestation.

Le principe est simple : si ce n'est pas déjà fait, sympathisez avec vos voisins et demandez-leur simplement s'ils seraient ok pour vous dépanner dans la remise des clés de vos visiteurs.

Comme je l'expliquais précédemment pour le prestataire de services, choisissez un voisin en qui vous avez réellement confiance. Car ce deal implique que vous lui remettiez un jeu de clés de votre logement, et que donc, potentiellement, il pourra aller et venir chez vous comme bon lui semble.

Cette idée est vraiment facile à mettre en place si vous avez des relations excellentes avec vos voisins, que vous les connaissez de longue date et que vous avez déjà l'habitude de vous rendre des petits services (comme réceptionner un colis l'un pour l'autre de temps en temps). Si en revanche, vous avez acheté un appartement quelque part, et que vous toquez à la porte d'un voisin pour la première fois pour lui demander s'il est d'accord pour faire la remise des clés, ça marchera beaucoup moins bien.

A vous de voir, donc, en fonction de votre connaissance du quartier, des relations que vous entretenez (ou non) avec les voisins, du niveau de confiance que vous leur accordez (car si vous décidez de leur faire jouer ce rôle, il n'y a pas droit à l'erreur : vous ne pourrez pas vous permettre, un jour, qu'un locataire se retrouve à la rue car le voisin avait mieux à faire que l'accueillir).

Pour ma part, je vous avoue que j'ai envisagé la chose : ma voisine est une petite mamie toute gentille qui ne sort jamais de chez elle. Je sais qu'il n'y aurait pas de problème d'absence. Mais j'estime ne pas la connaître suffisamment pour savoir si je peux lui faire confiance ou non. On verra à l'avenir, mais comme je ne suis pas présent sur place, je ne tisse pas de liens réguliers avec elle. Encore une fois, c'est donc une idée à valider en fonction de votre situation personnelle.

3. Créer un partenariat avec une boutique ou un commerce à proximité

Si vous n'avez pas suffisamment confiance envers vos voisins pour leur demander de jouer le rôle de remiseur de clés, ceci est une alternative vraiment intéressante, pour peu qu'il y ait effectivement des boutiques à proximité de votre logement. Cette astuce marchera évidemment beaucoup moins bien si vous louez une maison isolée en pleine campagne (mais dans ce cas, la box sécurisée sur un mur de la maison fera parfaitement l'affaire !).

Le gros avantage de déposer les clés dans une boutique à côté de chez vous, c'est que vous êtes certain qu'il y aura quelqu'un aux heures d'ouverture de cette boutique. Vous n'aurez pas à gérer le caractère aléatoire de la présence ou non d'un voisin pour l'accueil : vous connaissez à l'avance les horaires de la boutique, il vous suffira de les spécifier à vos visiteurs. A eux, ensuite, de faire en sorte de se présenter en boutique dans le bon timing. Si vous choisissez cette option, il vous suffit de le préciser dans l'annonce (lorsque vous remplissez votre annonce sur Airbnb, vous pouvez sélectionner manuellement les horaires de check-in et de check-out, quitte à le repréciser dans la partie textuelle de l'annonce ensuite, et de vous prémunir ainsi des réservations de gens arrivant hors timing).

En ce qui concerne les horaires, le frein est donc levé. Maintenant la confiance : je vous garantis que vous pouvez avoir largement plus confiance en une boutique qui a pignon sur rue qu'en un particulier, fût-il un voisin connu de longue date. Une boutique, c'est un business. Et le gérant ne voudra pas compromettre son entreprise avec un comportement borderline. De même, vous pouvez aussi avoir une approche orientée business, en proposant un partenariat rémunéré. Définissez par exemple qu'une certaine somme vous soit facturée à chaque remise de clés. Pour le gérant de la boutique, c'est tout bénef : il est sur place, ça lui prend 3 secondes pour remettre les clés à votre locataire lorsque celui-ci se présente, et en plus il touche un petite somme de votre part pour le remercier.

Un de mes concurrents dans ma ville fonctionne comme ça : les clés de son logement sont remises à une boucherie, et c'est là que je me suis présenté pour les retirer et pouvoir rentrer dans les lieux (oui car j'ai testé les concurrents autour de chez moi afin de voir le niveau de prestation fourni en fonction du tarif).

Faites un inventaire rapide des boutiques autour de chez vous. L'idéal c'est de trouver une boutique indépendante, et non une chaîne, où le pouvoir décisionnaire de ce genre de partenariat ne peut être pris sur place mais doit remonter au siège ou à la direction régionale. Trouvez donc un indépendant, dans un rayon de 200 mètres autour de chez vous, qui puisse vous rendre ce service, et le tour est joué. Il vous suffira ensuite d'indiquer à votre femme de ménage qu'elle doit déposer le jeu de clés chez ce commerçant lorsqu'elle aura fini de préparer le logement pour les prochains locataires.

4. Faire appel à un professionnel spécialisé dans la gestion de biens en location saisonnière

Si vous vous êtes déjà rendu dans un lieu bien touristique en France, vous avez peut-être remarqué qu'il existe des agences immobilières spécialisées dans la location saisonnière. C'est-à-dire qu'elles vendent et gèrent des biens où les locataires sont là pour de la courte durée. Souvent, il s'agit de biens à destination des touristes qui resteront une ou plusieurs semaines. Plus rarement à la nuitée (bien que cela soit possible également, à vous de voir suivant les agences).

Si vous êtes donc dans une ville ou une région où ces agences existent, vous pouvez toujours vous rapprocher de l'une d'entre elles afin de voir si leurs services pourraient vous convenir. A Paris, par exemple, la société Westerley propose ses services ici : http://westerley.fr/ (je n'ai aucun contact ni aucun lien d'aucune sorte avec eux, je les cite ici à simple titre informatif, je n'ai jamais testé personnellement).

L'autre option consiste à passer par les services d'entrepreneurs individuels qui ont remarqué l'existence d'un marché et ont lancé leur activité de gestionnaire de biens en location de courte durée (aussi appelé "service de conciergerie" par les professionnels du milieu). Pour le moment, vous trouverez ces services dans les grandes villes ou dans les endroits très touristiques, c'est là où la demande est la plus élevée. Mais Airbnb et ses concurrents étant en plein boom en France, on devrait trouver ce type de services partout dans le pays très bientôt. Au moment où vous lirez ces lignes, il est même possible que cela soit déjà le cas. Je vous invite à vous renseigner dans votre ville car il est possible qu'une entreprise de ce type existe déjà.

Outre une simple recherche Google (en tapant quelque chose comme "gestion de biens en location saisonnière + ville"), il existe un marché dans les forums de discussion sur Airbnb. Une fois votre compte créé et configuré, rendez-vous sur l'espace communautaire ici : https://community.airbnb.com/ (l'URL pourrait changer dans le temps) et déposez un message indiquant que vous cherchez quelqu'un pour vous occuper de l'accueil. A vous ensuite de faire le tri parmi les candidatures que vous recevrez selon les critères que j'évoquais précédemment.

L'inconvénient majeur de déléguer tout ça, c'est le coût. Plus vous déléguez, moins vous gagnez. Enfin, pour être plus précis, plus vous demandez du travail à l'agence (c'est-à-dire, concrètement, plus vous acceptez des réservations sur de la courte durée), plus vous réduisez votre marge.

L'équation à comprendre pour maximiser vos revenus :

Concrètement, le succès de votre stratégie se joue dans le dosage entre la durée minimum de séjour (je vous invite à ne pas descendre sous les 3 nuits si votre activité tourne correctement), votre tarif à la nuitée, et le volume des prestations que vous souhaitez déléguer. A vous de faire vos calculs pour retomber sur vos pieds et maximiser vos revenus. Vous verrez que parfois, il peut être intéressant d'augmenter vos tarifs, avoir plus de vacances locatives dans le mois, mais gagner plus en euros net dans la poche au bout du compte car vous aurez moins fait appel à votre prestataire pour l'accueil et le ménage (ou vous aurez passé moins de temps à gérer votre bien si vous ne déléguez pas).

Chapitre 7

Sept services complémentaires
à proposer
pour augmenter vos revenus

En théorie, vous pourriez très bien vous arrêter là. Les lignes qui suivent sont destinées avant tout à ceux d'entre vous qui ont l'esprit entrepreneur.

Si vous ne voulez pas vous prendre la tête, si les revenus que vous recevez via votre activité de location saisonnière classique vous suffisent, alors vous pouvez passer ce chapitre. Si en revanche vous souhaitez maximiser facilement vos revenus sans devoir faire de gros efforts supplémentaires, simplement en étant malin et en proposant à vos visiteurs ce qu'ils cherchent et ce pour quoi ils sont prêts à payer, alors ce chapitre va vous plaire.

Dans les pages qui suivent, je vous donne sept idées de side-business, c'est-à-dire d'activités à développer en complément de votre bien en location. Certaines sont hyper-simples à mettre en place et ne requièrent quasiment aucun effort de votre part. D'autres demandent un léger investissement financier au départ (mais ce n'est même pas obligatoire, vous verrez). Toutes vont vous permettre d'augmenter de 10% minimum vos revenus en location saisonnière.

J'en ai testé certaines en tant que client, d'autres en tant qu'hébergeur, toutes sont approuvées et ne demandent qu'à être dupliquées dans votre propre activité. Prêt ?

Idée 1 : proposer un service de récup-dépose aux gares, aéroports, ...

Vos voyageurs ne tombent pas du ciel. Ils arrivent de quelque part. De loin, la plupart du temps. Et quand ils débarquent avec leurs gros bagages et qu'ils doivent commencer par tourner en rond pour trouver le logement, cela ne leur fait pas plaisir (bien que si vous avez suivi mon conseil en ce qui concerne la communication avec votre client, vous lui avez donné toutes les façons d'arriver facilement chez vous en galérant le moins possible). Certains de vos clients paieront même le taxi en sortant de la gare ou de l'aéroport pour se rendre directement chez vous sans prise de tête. Et, on le sait tous : le taxi, cela coûte cher.

Vous avez une carte à jouer à ce niveau là.

Une fois la réservation finalisée avec votre client, donnez-lui toutes les indications pour venir ' chez vous, comme expliqué précédemment. Si le chemin n'est pas simple, s'il lui faut beaucoup marcher ou attendre plusieurs correspondances dans les transports en commun, alors proposez-lui d'aller directement le récupérer avec votre véhicule personnel. Indiquez simplement : "Nous proposons également un service de récup' / dépose (utilisez '*pick-up service*' avec vos clients anglophones) pour X €. Ce qui vous fera économiser Y € sur la même course en taxi". Votre client voit là un double avantage pour lui : pas besoin de devoir chercher son chemin dans une ville qu'il ne connaît pas avec ses sacs sur le dos, et en acceptant votre offre il va économiser sur le prix du trajet. En clair, si vous proposez ce service à votre client, vous lui offrez deux avantages : l'un financier par rapport au prix du taxi, et l'autre en confort par rapport aux transports en commun.

Vous ne perdez rien à tester : prenez simplement l'habitude, dans les emails que vous envoyez automatiquement à la suite des réservations que vous recevez, de proposer ce service en supplément contre une petite rémunération. D'ailleurs, précisez aussitôt que ce service de pick-up est payant afin d'éviter d'induire vos hôtes en erreur. Cela risquerait de créer une situation désagréable qui mènerait à la rédaction d'un mauvais commentaire, cette épée de Damoclès qui menace toujours de tomber sur la tête des loueurs Airbnb que nous sommes.

Je disais donc : vous n'avez rien à perdre. Si la personne souscrit au service, vous gagnez quelques euros supplémentaires (voire quelques dizaines d'euros, suivant la distance de 'pick-up' que vous proposez). Sinon, cela vous aura pris simplement une minute lors de la rédaction de votre e-mail la première fois.

Combien facturer pour ce service ?

Financièrement, dans tous les cas, je vous recommande de mettre un tarif abordable, qui couvre à la fois vos frais d'essence, l'usure du véhicule et bien sûr le temps que vous y passez. Voyez jusqu'où vous pouvez monter.

Un des indicatifs que je trouve intéressant pour fixer le prix à demander, c'est la limite émotionnelle interne que vous ressentez entre la culpabilité de trop demander d'un côté, et celle de se faire avoir de l'autre. Soyez à l'écoute de vos émotions, de votre état interne, et je suis sûr que vous trouverez déjà un tarif intéressant. Ensuite, renseignez-vous sur les prix des solutions alternatives à votre offre : taxis, transports en commun, louer un véhicule. Si votre prix est en-dessous des taxis et des locations de voiture, tout en restant au-dessus du tarif des transports en commun, vous êtes dans la bonne fourchette. Après, à vous de faire évoluer vos prix en fonction des retours de vos clients, et de vos envies. Si l'idée de prendre le volant dans les bouchons et de poireauter à la gare ne vous tente pas plus que ça, mettez un tarif élevé pour limiter le nombre de fois où on vous le demandera (et quand vous le ferez, banco !).

Si vos clients veulent être tranquilles ou si vous avez un véhicule mais que vous n'avez pas le temps de jouer les chauffeurs, alors vous pouvez même pousser le bouchon encore plus loin et mettre votre propre voiture en location. Certains de vos clients qui seront venus en transports en commun seront contents de pouvoir explorer les environs en voiture, sans dépendre justement des bus, trains et autres. Vérifiez juste auprès de votre assurance que vous avez le droit de prêter votre véhicule (et que vous êtes couvert en cas de sinistre avec un tiers au volant). Pour rendre les choses plus carrées, ne pas vous prendre la tête avec les contrats, et être couvert à tous les niveaux, vous pouvez carrément faire passer votre locataire par un site comme WeCar (en mettant votre voiture à louer dessus, donc), qui s'occupe des locations de véhicules entre particuliers. L'inconvénient, c'est la commission supplémentaire, et le risque que votre locataire trouve une meilleure offre que la votre. A vous de voir, et de vous faire épauler sur un plan juridique pour vous assurer qu'en cas de litige vous êtes couvert (par exemple si votre client se fait flasher...).

Idée 2 : proposer des services de nourriture

C'est tout simple si vous hébergez vos hôtes dans votre résidence principale, ça l'est un peu moins si vous n'habitez pas sur place (mais ça reste faisable).

L'idée part d'un constat simple : en vacances, personne n'aime perdre du temps à faire la cuisine. Les gens ont envie de se détendre. Pas de devoir reproduire les mêmes corvées que lorsqu'ils sont dans le stress du quotidien, dans la routine du métro-boulot-dodo. La cuisine est, avec le ménage, la lessive et les transports, l'un des points qui se fait sacrifier sur l'autel du bien-être en vacances.

De fait, la plupart de vos vacanciers préféreront manger dehors... Ou que l'on cuisine pour eux !

Un exemple concret : vous hébergez vos voyageurs dans une chambre inoccupée de votre maison. Ils viennent pour visiter les alentours, faire des randos dans la nature, bref pour sortir. Ils n'ont pas forcément le temps de se préparer des sandwichs le matin, ni l'envie de revenir le midi pour cuisiner ou pour trouver une boulangerie où se ravitailler. Dans ce cas, vous pouvez leur proposer à la vente un "panier pique-nique", que vous aurez préparé vous-même, avec un sandwich, une boisson et un fruit (ou une pâtisserie, mais le fruit est plus simple). Vous leur fournissez le tout dans une boîte de type Tupperware, pour une petite somme vous permettant de dégager un bénéfice, et c'est gagné.

L'idéal, c'est de proposer ce genre de service si c'est facile pour vous à mettre en place, si ça ne vous coûte pas grand chose en temps et en effort. Par exemple, si vous avez l'habitude de vous préparer vous-même un petit panier pour votre repas du midi au travail, il vous suffira d'en proposer un identique à vos clients et de doubler les quantités le cas échéant. Rien de sorcier.

Cette offre marchera très bien dans les cas où vous hébergez des gens qui partiront faire des promenades dans la nature pour la journée. Cela fonctionnera moins si vous êtes dans un environnement urbain où vous vous retrouverez confronté à la concurrence des boulangeries, des boutiques de restauration rapide, et même des restaurants classiques.

La seconde option consiste simplement à proposer de cuisiner le dîner pour vos hôtes, voire carrément de manger en votre compagnie. Cela peut être très sympa et très rentable si, encore une fois, cela ne vous coûte pas grand-chose de plus. Imaginons que vous cuisiniez déjà pour votre conjoint et pour vos deux enfants. Cela ne vous coûtera pas un effort immense de rajouter une portion pour un voyageur, et d'inviter celui-ci à votre table. D'ailleurs, vous pouvez aussi l'inviter gracieusement à ce repas pour faire une bonne impression et maximiser vos chances d'obtenir un bon commentaire (dans ce cas là, vous 'facturerez' le repas directement dans le prix de la réservation au départ, simplement en fixant un prix plus élevé correspondant à votre prestation haut de gamme).

Cette seconde option peut être extrêmement intéressante et rentable si vous avez du volume. Dans ce cas vous pourrez pratiquement postuler au titre de maison d'hôtes, et proposer des cuisines simples et copieuses, à déguster autour d'une bonne tablée. A vous, dans ce cas, de cibler une clientèle ouverte à ce genre de retrouvailles le soir, un peu dans l'esprit des refuges en haute-montagne.

Concrètement, pour les paniers pique-nique (ou paniers repas), il vous suffira de demander la veille pour le lendemain si votre client en a besoin. Pour le dîner ensemble, demandez le matin-même. Pour la procédure de facturation, j'explique tout ça plus loin dans ce chapitre.

Il est clair que tout ceci sera plus facile à mettre en place si vous êtes dans la même habitation que vos clients, mais c'est faisable aussi si vous habitez plus loin. Il suffit d'être malin et bien organisé.

Je m'explique : vous pouvez monter un partenariat gagnant-gagnant avec une boulangerie ou un fast-food à côté de l'endroit où vous hôtes sont logés. Le deal que vous allez proposer à ces restaurateurs : leur envoyer vos clients où ils bénéficieront d'une remise, contre un pourcentage sur chaque vente pour vous. L'idée c'est de trouver un prix où le commerçant continue de faire de la marge, tout en proposant une réduction à vos clients (ce qui les rendra heureux car pour eux vous serez le dénicheur de bons plans).

Ainsi, vous vous constituez un revenu supplémentaire (certes mince : quelques euros par semaine grand maximum) sans devoir lever le petit doigt une fois le partenariat mis en place (ce qui, en revanche, peut être une grosse charge de travail).

A vous de voir si vous pensez que c'est une option envisageable pour augmenter votre rentabilité. Sinon, tournez vous vers ce qui suit.

Idée 3 : proposer un service de laverie

Il y a plusieurs types de voyageurs qui viendront chez vous.

Vous aurez d'abord les vacanciers classiques, qui partent sur une ou deux semaines se ressourcer le temps de leurs congés payés. Vous aurez également des travailleurs, qui viennent quelques jours dans votre ville pour une mission. Et vous aurez les routards, qui partent à l'aventure avec un sac à dos, souvent pour un voyage itinérant. Ce sont ces clients là que vous pourrez toucher par une offre de laverie. En effet, quand on voyage en 'backpacker', c'est-à-dire sur plusieurs semaines ou mois avec un simple sac à dos, il arrive forcément un moment où on doit laver ses affaires. Les deux premières catégories que j'ai évoquées ne sont pas concernées à cause de la durée de leurs séjours : les premiers emmèneront dans leurs valises assez de vêtements pour tenir sur l'ensemble de leur séjour, et les seconds resteront trop peu de temps pour en avoir besoin. En revanche, les voyageurs routards (qui ne sont pas tous des roots-babacools aux cheveux longs qui dégueulasseront votre logement) seront forcément à un moment donné à la recherche d'une laverie. Dans ce cas, il vous suffit de le proposer en service complémentaire.

Le plus simple, pour éviter de mettre les gens mal à l'aise en leur disant "je vous propose de laver vos vêtements, mais c'est X€", ce qui pourrait vous faire passer pour un rapiat et créer une atmosphère négative, c'est tout simplement de mettre dans la chambre ou dans le logement que vous louez, un petit récapitulatif des services complémentaires que vous proposez. Indiquez à cet endroit le service de laverie (qui peut inclure par exemple du repassage), avec un tarif fixe. Les laveries officielles facturent souvent au kilo de fringues, moi je vous recommande plutôt de faire à la machine. Un lavage = X€ (entre 2 et 5€). Le repassage = X€. Et voilà. Pas de prise de tête supplémentaire !

Ce simple service supplémentaire pourra vraiment dépanner vos hôtes : ils n'auront qu'à vous confier leurs vêtements et les récupérer propres. Pas besoin d'arpenter la ville à la recherche d'une laverie et de devoir perdre deux heures à attendre que le linge soit propre (oui, obligé de surveiller la machine pour éviter de se faire voler ses vêtements). De votre côté, ça ne vous coûte pas grand chose, ne vous prend que très peu de temps, et parfois si le volume de vêtements à laver est léger, vous pourrez même en profiter pour rajouter vos fringues personnelles. Tout bénef !

Ceci étant dit, vous pouvez aussi proposer directement le service de laverie dans le prix initialement réglé par vos clients. Cela vous fera monter en gamme et vous évitera de perdre du temps à facturer quelques euros par-ci par-là. Je reparle plus loin dans ce chapitre de la manière de faire payer ces différents services, ainsi que des avantages et inconvénients de chacun.

Idée 4 : proposer un minibar avec des boissons payantes

Si vous êtes déjà descendu dans un hôtel comme ceux de la chaîne Mercure (mais c'est loin d'être la seule), vous avez constaté quelque chose : il y a toujours un minibar avec des boissons fraîches à votre disposition.

La toute première fois que je suis tombé dessus, je n'ai pas réalisé que c'était à payer en supplément (j'ai une excuse : j'étais jeune !), et je m'étais allègrement servi en soda avant de m'apercevoir qu'ils n'étaient pas offerts par la maison.

Vous pouvez reprendre cette idée à votre compte : mettre un minibar à disposition de vos clients, avec différentes boissons payantes. Faites simplement en sorte que tout soit parfaitement clair et que vos clients ne puissent pas avoir de mauvaises surprises au moment de la note : mettez la liste des tarifs directement dans le minibar, ou collez les prix à l'aide d'un petit autocollant sur chacune des boissons.

Pour récolter l'argent, vous avez deux options. Soit vous leur confiez une fiche sur laquelle ils notent tous les services complémentaires auxquels ils souscrivent, incluant la consommation des boissons, et vous leur faites régler le tout à la fin de leur séjour. Soit vous mettez une sorte de tirelire à côté du minibar où ils déposent l'argent au fur et à mesure. Vous allez me dire : certains ne joueront probablement pas le jeu. C'est vrai, mais rassurez-vous, la plupart des gens sont honnêtes et joueront le jeu. De toute manière, vous pourrez procéder à l'inventaire lors de l'état des lieux de sortie, et vérifier que le compte est bon (bien que personnellement je vous recommande plutôt la solution "noter les biens et services commandés en supplément sur une fiche"). Je vous en reparle plus loin.

Une astuce toute bête qui va vous permettre de vendre facilement vos boissons fraîches du minibar : mettez gratuitement à disposition de vos clients des cacahuètes, biscuits apéro, etc... Ils vont piocher dedans, le sel que contiennent ces gâteaux va leur donner soif, et ils se serviront en boissons. Hop !

Avec le temps, il vous suffira de voir les boissons préférées de vos locataires, de les acheter en grande quantité et de revendre chaque canette ou bouteille à l'unité de façon à dégager une marge intéressante. Le plus simple reste de faire dans le classique : quelques petites bouteilles d'eau minérale, des canettes ou bouteilles de Coca, et des bières. Vendez par exemple 1€ la pièce et vous allez facilement tripler votre investissement de départ !

Le gros avantage, c'est que ces boissons ont des délais de péremption si larges que vous ne perdrez jamais d'argent. Si vous avez plusieurs locataires de suite qui décident de ne pas en consommer, ce n'est pas grave : il faudra plusieurs mois avant que votre soda ou votre eau minérale ne soient périmés et que vous ne perdiez votre mise. Et croyez-moi : ça partira vite ! En rentrant d'une longue journée dehors, qui n'apprécie pas une bonne bière ou un bon soda bien frais ?

Idée 5 : proposer de la location de vélo / kayak / ski / ...

J'adore le vélo. A chaque fois que je me rends dans une ville, je cherche une boutique qui en loue afin de pouvoir explorer les environs à deux-roues. Et je suis loin d'être le seul : énormément de touristes aiment, en vacances, faire des activités qui sortent de l'ordinaire, qu'ils ne pratiquent pas chez eux.

Si vous accueillez des clients dans votre logement à la montagne : proposez de la location de skis, de snowboards, du matériel de randonnée, des VTT, ...

Si vous accueillez vos clients à la mer, mettez à leur disposition un kayak, une planche de surf, un voilier, ...

Alors vous allez me dire, oui mais tout ça, ça coûte cher.

Certes. Je ne vous dis pas d'investir dans un voilier ou un kayak exprès pour vos locataires. Pas au début, du moins, et pas avant d'être absolument certain que c'est ce qui intéresse les gens qui se rendent chez vous.

Ce qu'il vous suffit de faire, c'est de regarder dans votre garage et de voir ce qui s'y trouve. Des vélos ? Alors mettez vos vélos à disposition de vos locataires. Proposez-leur par exemple d'explorer les environs pour une location de 10€ la journée. Vous n'avez aucun investissement à faire : vous possédez déjà vos vélos. Si les clients souscrivent à ce service, ce sont 10€ (ou plus, ou moins, à vous de fixer le prix) qui tombent directement dans votre poche, sans effort. Juste en proposant le service.

Si vous avez des skis, un quad, du matos de randonnée, de surf, de pêche, ou n'importe quoi qui puisse avoir de l'intérêt aux yeux de vos clients, alors vous pouvez faire de même et les mettre en location.

Et si ça marche bien ou si vous avez de la demande pour de la location de quelque chose que vous ne possédez pas, vous pouvez alors investir.

Idée 6 : proposer un service de guide

Je précise d'emblée que le métier de guide touristique est protégé en France. Vous ne pouvez pas débarquer comme ça et vous improviser guide, il faut une certification étatique, qui met du temps à s'obtenir.

Cependant, vous verrez qu'un bon nombre de vos clients seront friands d'un service de guide peu onéreux pour découvrir la ville ou les environs. Surtout si vous vivez dans une région à forte connotation historique : c'est le cas de ma région d'origine, la Normandie, où on reçoit des dizaines de milliers de touristes étrangers venus se rendre sur les plages du débarquement de la seconde guerre mondiale. Eux ont besoin d'un guide.

Cela sera le cas également si vous vivez dans une région réputée dangereuse (par exemple en haute montagne), ou lorsque l'on vient faire un séjour typique (par exemple observer les fleurs, les oiseaux, la biodiversité, ...) : certains de vos locataires chercheront les services d'un guide.

Bref, dans certains cas, il y a une demande. Et en bon entrepreneur, désormais vous savez que qui dit demande, dit offre. A vous de vous positionner sur ce marché pour prendre votre part du gâteau.

Vous avez donc trois options qui s'offrent à vous.

La première consiste à devenir officiellement guide touristique vous-même.

On est d'accord, ce n'est pas la plus simple à mettre en place. Je ne pense pas que vous ayez envie de potasser des bouquins d'histoire, de passer des concours et de recevoir des diplômes à votre âge, quel qu'il soit !

La deuxième option consiste à monter un partenariat avec un guide officiel en lui proposant de rediriger vers lui vos clients qui seraient intéressés par des services de guide, en échange d'une commission sur sa rémunération. Pour se faire, une simple recherche Google du type "Guide touristique + votre ville/région" et vous trouverez. Vous pouvez également vous rendre à l'office de tourisme le plus proche de chez vous pour être mis en relation.

La troisième option consiste à vendre une prestation différente de celle de guide touristique, mais qui permettra de satisfaire la demande de vos clients. Par exemple, proposez vos services en tant que chauffeur privé, que vous facturez en auto-entrepreneur. Bien entendu, lors des courses en voiture, vous pourrez répondre aux questions de vos clients et leur suggérer les lieux où se rendre pour découvrir les alentours.

Vous pouvez aussi facturer votre prestation en tant que photographe : vous suggérez des lieux touristiques à vos clients, vous les prenez en photo devant ces lieux, et bien sûr vous en profitez pour leur glisser deux-trois anecdotes sur l'endroit où vous vous trouvez.

Notez que dans ce livre, je vous recommande officiellement l'une des deux premières options. La solution numéro 3 étant tout de même borderline, je vous invite à la faire valider auprès d'un juriste avant de vous lancer, afin d'être certain que légalement tout est dans les clous.

Il y a probablement des tas d'autres services complémentaires que vous pourriez proposer. Posez-vous cette question simple : que viennent chercher les touristes dans votre ville ou région ? Une fois que vous aurez la réponse, regardez comment vous pouvez mettre en place un service qui les aide. Et vous allez facilement gagner de l'argent supplémentaire !

Idée 7 : faire des partenariats avec les "City Pass" de votre ville (ou carrément créer le votre)

Si vous êtes déjà allé à New York ou à Londres, vous avez forcément entendu parler du concept de City Pass. Pour résumer, il s'agit d'une carte qui se vend pour une somme souvent élevée (autour de la centaine d'euros), qui permet ensuite de se rendre dans un certain nombre de monuments et musées de la ville. Son prix coûte moins cher que la totalité des tickets d'entrées des musées et monuments auquel il donne droit, d'où son succès. Par exemple le New York City Pass permet, pour environ 150€, de monter en haut de l'Empire State Building, de rentrer dans le Musée d'Histoire Naturelle, de visiter le MoMa, de grimper en haut du Top of The Rock, de faire une croisière autour de Manhattan, de visiter le Mémorial du 11 Septembre, et bien sûr de se rendre sur l'île de la Statue de la Liberté. Le prix total pour entrer séparément dans chacune de ces attractions reviendrait peut-être à 300€, ou davantage. C'est pour cette raison que de nombreux touristes choisissent l'option City Pass quand ils découvrent une ville comme New York ou Londres (ça a été mon cas lorsque je m'y suis rendu).

Certaines villes françaises proposent également ce concept, pas toujours sous le nom de City Pass, mais c'est le plus courant (c'est le cas pour Lille et Marseille par exemple). Paris propose le Paris Pass, Lyon c'est le Lyon City Card, Toulouse offre un Pass Tourisme, et ainsi de suite.

Pour savoir si votre ville propose un City Pass (gardons ce nom entre nous), faites une recherche Google du type "Votre ville City Pass", ou rendez-vous à l'office de tourisme le plus proche de chez vous.

Il existe un City Pass dans votre ville ? Alors rapprochez-vous de l'office de tourisme pour négocier une revente de ce Pass à vos locataires, vous permettant de toucher des commissions. Certains sites internet de vente de Pass proposent également un système d'affiliation. En gros, vous vous inscrivez sur leurs plateformes partenaires, vous mettez le Pass en vente sur un site internet créé pour l'occasion, et à chaque fois qu'un de vos locataires souhaite l'obtenir, vous lui faites commander (ou vous le commandez pour lui) via votre propre site internet, vous rémunérant ainsi au passage sans qu'il ne paie le moindre centime supplémentaire. C'est du gagnant-gagnant !

S'il n'existe pas de City Pass dans votre ville ou votre région, vous pouvez en créer un vous-même. C'est énormément de boulot, certes, car il vous faudra multiplier les réunions avec les différents services des musées et attractions locales, tomber d'accord sur un prix, créer ensuite un réseau de distribution et enfin s'assurer qu'à chaque Pass vendu, un pourcentage de la vente revient à chaque organisme participant. Un boulot de titan, qui s'apparente à une réelle création d'entreprise, c'est clair. Mais si votre région est touristique et que vous avez du temps devant vous, cela peut vraiment valoir le coup ! Bien que, sincèrement, dans un premier temps je vous recommande de vous contenter de faire la promotion d'un City Pass déjà existant.

Élargissons le concept : je vous encourage à prendre quelques minutes pour réfléchir aux activités qui intéressent le plus vos locataires. Viennent-ils pour une activité en particulier ?

S'ils viennent pour pratiquer un sport, rapprochez-vous d'une boutique qui loue des équipements ou du matériel sportif et proposez un partenariat où vous touchez des commissions.

S'ils viennent pour visiter un site historique (par exemple les châteaux de la Loire), rapprochez-vous de l'équipe marketing / commerciale de l'entreprise gérante et négociez de pouvoir vendre vous-même les tickets d'entrée à vos locataires, en touchant une commission.

Si vous vous rendez compte que vos locataires raffolent de petits souvenirs particuliers, achetez-en en masse (en négociant un bon prix) et vendez-les directement dans votre logement. Proposez à un photographe ou à un peintre de votre ville de mettre en vente chez vous ses œuvres représentant votre région, et de partager avec vous une partie de la recette des ventes.

Bref, je ne vais pas prendre plus d'exemples, vous avez saisi l'idée. D'une manière très générale : renseignez-vous sur ce que veulent vos locataires, apportez-le leur soit en proposant votre propre service, soit en négociant un partenariat avec une entreprise le proposant déjà.

Vous allez voir votre chiffre d'affaires grimper en flèche !

Comment facturer ces services complémentaires ?

Le problème (enfin, c'est plutôt un avantage dans l'immense majorité des cas) sur Airbnb, c'est que le flux financier est indirect. Votre hôte paie Airbnb, qui vous reverse votre dû en n'oubliant pas de se servir au passage (c'est de bonne guerre). Vous ne pouvez donc pas faire passer le règlement des services de ce chapitre dans la transaction Airbnb. Vous devez passer en direct avec votre client.

Ce que je vous recommande de faire, c'est de tenir à jour une fiche-client pendant son séjour, sur laquelle vous noterez toutes les commandes de biens et services complémentaires qu'il pourra vous faire. Utilisez un simple document Excel que vous imprimez et remplissez au fur et à mesure.

Dans les idées évoquées dans ce chapitre, vous n'aurez pas toujours la possibilité de remplir ce document vous-même (notamment lorsqu'on propose un mini-bar avec des boissons en self-service). Dans ce cas, donnez cette fiche au client dès son arrivée en lui demandant de la remplir lui-même à chaque fois qu'il utilise un bien ou un service complémentaire payant. Vous allez me dire que certains clients essaieront de gruger et n'écriront pas tout sur la fiche. C'est sûr : certains tenteront le coup. Mais l'immense majorité des gens sont honnêtes et noteront correctement ce qui a été consommé / utilisé. De plus, à la fin du séjour, vous effectuez l'état des lieux de sortie. Vous en profiterez pour vérifier le mini-bar (par exemple) et comptabiliser vous-même les boissons utilisées, afin de vous assurer que tout correspond avec la fiche remplie par vos clients.

Pour obtenir votre règlement, c'est donc simple : vous demandez le paiement à la fin du séjour, lors de l'état des lieux de sortie, après avoir l'un et l'autre vérifié le total des biens et services complémentaires commandés. Une signature en bas de la page pour officialiser le tout, et voilà le travail !

L'autre option, peut-être plus simple dans l'absolu, mais qui ne permet pas de savoir précisément où vous vous démarquez de vos concurrents et où vous réalisez votre marge, c'est de faire payer l'intégralité de ces services directement dans le prix de base que vous demandez sur Airbnb. En clair, vous augmentez vos tarifs pour compenser tous les services que vous proposerez (ou en tout cas ceux sur lesquels vous n'avez pas à reverser de commissions à d'éventuels partenaires). En agissant ainsi, vous changez votre positionnement : vous montez en gamme. L'inconvénient, c'est que vous vous fermez, de fait, à une cible qui filtrera ses recherches sur un critère financier (et c'est souvent le cas sur Airbnb).

A choisir, je préfère l'option numéro 1, qui est utilisée par une entreprise comme Ryanair par exemple. Ryanair fonctionne sur le principe d'un prix d'appel très peu cher, et réalise sa marge sur les ventes additionnelles (bagages supplémentaires, billets de loterie, nourriture, boissons, parfums, etc).

Il est donc plus simple techniquement de choisir cette option haut de gamme 'tout en un', mais c'est probablement moins rentable. Je vous recommande plutôt de suivre le modèle de Ryanair, c'est-à-dire d'utiliser un tarif attractif et ensuite vendre ces services complémentaires une fois vos clients sur place. Mais encore une fois, c'est à voir selon vos préférences, selon la charge de travail (ou non) que vous souhaitez vous rajouter, et bien sûr selon les envies et besoins financiers qui sont les vôtres.

Chapitre 8

Législation et fiscalité :
Qui peut louer son logement
sur Airbnb,
et comment s'y prendre

Je préfère vous prévenir : ce chapitre sera court. Pourquoi ? Parce que la législation en ce qui concerne Airbnb est en constante évolution actuellement.

Jusqu'au début des années 2010, personne en France n'utilisait Airbnb. Le phénomène est récent et va crescendo, obligeant les autorités françaises à légiférer dans l'urgence, sous la pression des groupes hôteliers qui y voient une forme de concurrence déloyale. Personnellement, j'y vois au contraire une opportunité supplémentaire pour les ménages d'augmenter leurs revenus, donc leur pouvoir d'achat, et donc favoriser une relance de l'économie via la consommation. Mais j'ai l'impression que le système français actuel fonctionne à l'envers et préfère mettre des bâtons dans les roues de tout ce qui ressemble de près ou de loin à une forme d'innovation et qui obligerait les professions établies à se remettre en question, à évoluer. Il suffit de voir comment le phénomène Uber a été traité chez nous. Je pense qu'à un moment, il faudra faire un choix entre protéger les intérêts corporatistes des métiers établis (l'hôtellerie, les taxis, les transports ferroviaires, l'électricité, et les autres...) et inciter les entreprises innovantes, qui apportent une réelle avancée pour les utilisateurs à tous les niveaux, à s'installer et à se développer en France. Cela serait dommage que notre pays loupe le virage de l'économie numérique qui s'ouvre en ce début de millénaire. Car, qu'on le veuille ou non, le monde change. Soit on s'adapte et on suit le mouvement (à défaut de l'impulser en encourageant la création de start-ups comme le font d'autres pays), soit on reste sur la touche. Et là, je crains des conséquences désastreuses pour l'avenir.

Bref, je me suis écarté du sujet initial. J'espère que vous ne m'en voudrez pas de cette digression légèrement politisée.

Je disais donc, la législation autour de Airbnb est en train de changer. Rien que pendant la rédaction de cet ouvrage, Anne Hidalgo, maire de Paris, a pris des dispositions contre les personnes qui sous-louent leurs logements sur Airbnb sans en avertir leurs propriétaires. Quoi que j'écrive dans ce chapitre, il est hautement probable que cela ne soit plus valable demain.

Voici les conseils que je peux vous donner afin de vous assurer que votre activité reste parfaitement légale et encadrée.

D'abord, si vous êtes propriétaire, assurez-vous qu'il n'y a pas de restriction en ce qui concerne la location saisonnière dans votre ville. Pour le moment, Paris est à ma connaissance la seule qui limite cette pratique par les particuliers, sous le prétexte (certainement très réel) qu'il devient de plus en plus difficile de trouver de la location à l'année dans certains quartiers. Donc dans un premier temps, assurez-vous systématiquement auprès de votre mairie que vous avez l'autorisation de mettre le logement que vous possédez à disposition de locataires pour des courtes durées. Et si besoin est, faites vous délivrer cette autorisation si un cheminement administratif est nécessaire (vu la tournure des événements, il est fort probable que cela devienne systématique pour toutes les villes très bientôt...).

Si vous n'êtes pas propriétaire de votre bien et que vous souhaitez tout de même utiliser Airbnb pour augmenter vos revenus, sachez qu'il est indispensable d'avoir un accord écrit de votre propriétaire. Celui-ci peut néanmoins se réserver le droit de refuser votre demande. Sachez également que sous-louer votre logement sans l'accord de votre propriétaire peut vous mener au tribunal, avec condamnation à la clé. Dans un article du journal Le Monde du 21 mai 2014, David Rodrigues, responsable juridique au sein de l'association Consommation Logement et Cadre de Vie (CLCV) explique que la sous-location doit obéir à deux conditions précises : "il faut une autorisation écrite du bailleur et la location ne doit pas se faire à un tarif supérieur, au mètre carré, à celui de la location elle-même". En clair, impossible de faire du bénéfice. Vous voilà prévenus.

Revenons donc dans le cas où vous êtes propriétaire du logement mis sur Airbnb. Au niveau des assurances, il est indispensable de prévenir votre agent que vous louez votre logement (ou une partie de celui-ci) pour de la courte durée. A vous ensuite de négocier le montant de votre nouveau contrat d'assurance en fonction de la valeur du mobilier mis à disposition de vos locataires et des différentes options que vous choisirez. Personnellement, je m'en tire pour 9€ par mois pour une couverture basique mais très correcte. Sachez également qu'en cas de dégâts, le programme "Assurance Hôte" d'Airbnb (détaillé ici : https://www.airbnb.fr/host-protection-insurance) offre une responsabilité civile allant jusqu'à un montant de 800 000€ par sinistre lors d'un séjour.

Enfin, n'oubliez pas qu'il est indispensable de déclarer les revenus que vous touchez grâce à votre location Airbnb. Le plus simple et le plus avantageux si vous mettez à louer en tant que particulier un bien que vous possédez déjà, c'est de déclarer vos gains via la fiche complémentaire 2042-C de votre déclaration de revenus. L'administration fiscale procédera ensuite à un abattement forfaitaire de 50% (qu'ils considèrent comme vos charges diverses liées au fonctionnement de votre activité). L'impôt est ensuite calculé sur les 50% restants. Il s'agit du régime micro-BIC (Bénéfices Industriels et Commerciaux). Notez que dans ce régime, vos revenus liés à cette activité ne peuvent dépasser 32 900 euros par an. Depuis 2016, la loi oblige Airbnb à vous fournir un récapitulatif de vos gains sur l'année pour vous aider à déclarer correctement vos revenus.

Enfin, ma dernière recommandation est simple : restez au courant de l'évolution des lois. Plus vous serez au courant, plus vous pourrez vous adapter rapidement suivant l'évolution de la situation et éviter de vous retrouver dans l'illégalité sans même le savoir. Cela serait dommage de vous retrouver avec un procès ou un redressement fiscal parce que vous ne connaissiez pas l'existence d'une nouvelle loi.

Si cela vous rassure et que vous en avez la possibilité, vous pouvez aussi vous rapprocher d'un expert comptable pour s'occuper de votre déclaration de revenus, ou d'un avocat spécialisé en droit immobilier pour vous épauler dans le cadre légal de votre activité.

Faire les choses correctement au niveau juridique permet aussi de dormir sur ses deux oreilles sans crainte d'une mauvaise surprise. Et personnellement, je considère que la tranquillité d'esprit n'a pas de prix !

La véritable clé du succès : l'action

On arrive au terme de ce guide vous donnant les connaissances nécessaires pour réussir votre business sur Airbnb. D'ailleurs, vous pouvez adapter l'immense majorité des conseils de ce guide à tous les services similaires de mise en relation entre propriétaires et touristes : TripAdvisor et Abritel, pour ne citer que les plus connus. Si vous décidez de jouer sur plusieurs tableaux, vous devrez alors être vigilant et réactif afin d'éviter tout risque de double-réservation sur une même date. Cela peut se produire notamment lorsque vous activez la réservation instantanée sur plusieurs sites, ce que je ne vous recommande pas : privilégiez un site principal (Airbnb sera probablement celui qui vous rapportera le plus de monde) et ensuite comblez les trous en proposant votre logement ailleurs, en vous assurant qu'aucune réservation n'est possible sans vérification et validation préalable de votre part.

Bref, dans un premier temps, je vous invite à vous familiariser avec Airbnb. Une fois que vous aurez la machine bien en main, et en fonction du volume de réservation que vous obtiendrez, vous pourrez passer (ou non) sur une plateforme supplémentaire.

Maintenant, c'est à vous de jouer. L'assimilation des connaissances est une excellente chose, mais elle ne remplace jamais la confrontation au réel.

Vous allez désormais vous faire votre propre expérience. Vous allez découvrir par vous-même tout ceci. Certainement, vous devrez adapter certains de mes conseils à votre sauce, afin d'affiner votre stratégie et la faire correspondre autant que possible à votre propre personnalité.

Dans tous les cas, le meilleur conseil que je puisse vous donner pour réussir votre activité de location saisonnière, c'est celui-ci : lancez-vous.

Peu importe si tout n'est pas parfait, parfois il faut juste faire le premier pas et le reste suivra. Vous retoucherez votre annonce au fur et à mesure, vous améliorerez votre logement en réinvestissant vos premiers gains dans de nouveaux objets de décoration, et au fil du temps vous aurez un business qui tournera comme sur des roulettes. En attendant, même si vous avez peur, même si vous stressez à l'idée de vous lancer dans l'accueil d'inconnus au sein de votre propriété, je ne peux que vous encourager à franchir le pas et à commencer votre activité dès maintenant.

J'espère recevoir de vos nouvelles et lire vos histoires !

Avec tous mes vœux de succès dans vos projets immobiliers.

Julien.